Christa Vogl · Ein Funken Wahrheit

Christa Vogl

EIN FUNKEN WAHRHEIT

Satirische Geschichten
aus der Oberpfalz

Buch & Kunstverlag Oberpfalz

Bibliografische Information der Deutschen Bibliothek
Die Deutsche Bibliothek verzeichnet diese Publikation in der
Deutschen Nationalbibliografie; detaillierte bibliografische Daten sind
im Internet über http://dnb.dnb.de abrufbar.

© 2015 Buch & Kunstverlag Oberpfalz
Mühlgasse 2, 92224 Amberg
www.buch-und-kunstverlag.de
Bilder Fotolia: Umschlag, Seite 3, 6, 136 ©margostock
Seite 8, 9, ©picsfive, ©Anna Ismagilova
Druck: die printzen, 92224 Amberg

ISBN 978-3-95587-028-7

„Liebe jemanden. Es

ist so ein schönes

Gefühl. Wie ein

Rosenduft so schön"

(Autor unbekannt)

Einen Krimi ...

... sollten Sie schreiben.
Sagt mein Verleger.
So etwas verkauft sich zurzeit wirklich sehr gut.
Am besten mit Lokalkolorit, meint er.
In Ordnung, sage ich.
Dann schreibe ich eben einen Krimi.
Setze mich hin und fange an.
Bin aber leider nach zwei DIN-A4-Seiten schon
wieder fertig.
Kompletter Krimi.
Mit Leiche, Psychospannung und jeder Menge
Verdächtigen.
Nichts daran auszusetzen.
Nur eben etwas kurz.
Altes Dilemma.
Kopfschütteln beim Verleger. Haare raufen.
Resignation.
Na ja. Wenn es wirklich nicht anders geht.
Dann schreiben Sie halt wieder Kurzgeschichten.
Sind ja nicht schlecht.
Das meine ich doch auch.

Christa Vogl

INHALT

MEINE HANDTASCHE

Meine Handtasche sieht irgendwie unförmig aus. Aufgebläht. Bauchig. Wirklich nicht sehr damenhaft. Höchste Zeit, den Inhalt mal wieder genauer unter die Lupe zu nehmen und unwichtige Dinge zu entfernen. Ich räume die Tasche also komplett aus und lege die Sachen auf den Tisch: Kopfschmerztabletten, Handspiegel, Kleingeld, Lippenstift, Deo, Einkaufschip, Haarbürste, Bonbons, Handcreme, Kugelschreiber, Einkaufsblock, Taschentücher, Bankkarte, Handy, Brillenetui, Stofftasche, ein orginalverpackter Keks vom Italiener, Schlüsselbund, Minitaschenlampe, Handwärmflasche, Pflaster, Schokoriegel, Wäscheklammer, plus eine Handvoll Krümel aller Art.

Ich sortiere das wilde Durcheinander und ordne alles nach Zugehörigkeit auf verschiedene Stapel. Um mich herum entsteht bereits der Eindruck von pingeliger Ordnung und Übersichtlichkeit. War wirklich einmal wieder bitter notwendig, die Handtasche auszumisten. Ich betrachte jedes einzelne Stück, das vor mir liegt und überlege genauestens, ob es künftig für einen ganz normalen Tagesablauf tatsächlich unabkömmlich ist. Voll konzentriert ordne ich die Stapel nochmals neu. Dann öffne ich meine leere Handtasche und räume folgende Sachen wieder ein: Kopfschmerztabletten, Handspiegel, Kleingeld, Lippenstift, Deo, Einkaufschip, Haarbürste, Bonbons, Handcreme, Kugelschreiber, Einkaufsblock, Taschentücher, Bankkarte, Handy, Brillenetui, Stofftasche, einen orginalverpackten Keks vom Italiener, Schlüsselbund, Minitaschenlampe, Handwärmflasche, Pflaster, Schokoriegel, Wäscheklammer.

Geschafft. Ab und zu muss man sich einfach einen Ruck geben und Ordnung schaffen. So schwer ist es nun auch wieder nicht, sich von überflüssigen Sachen zu trennen.

EISESKÄLTE

Der Wind jagt Schäfchenwolken vor sich her, während eine blassgelbe, noch schwächelnde Sonne am Himmel steht und halbherzig ihre Strahlen zu uns herunterschickt. Wir sitzen zu viert an einem kleinen, runden Tisch im Stadtzentrum von Kemnath gegenüber dem Springbrunnen. Es ist still. Wir sind still. Auffallend still. Kommt ehrlich gesagt nicht so oft vor, wenn wir beieinander sitzen. Normalerweise besteht unser Problem eher darin, dass jede von uns wahre Wortschwalle von sich gibt und der Lärmpegel enorm ist.

Heute heißt es aber Energie sparen und Wärme zusammenhalten, damit die Kerntemperatur von 37° C aufrechterhalten werden kann. An den Händen und Füßen merke ich es schon seit einer Viertelstunde: Sie sind eiskalt. Das Gleiche gilt für Ohren und Nase. Mein Körper hat bereits deren Durchblutung gedrosselt, um zu verhindern, dass zu viel kostbare Wärme verloren geht. Somit ist immerhin die Versorgung der lebenswichtigen Organe sichergestellt. Irgendwie beruhigend.

Ein Blick auf meine drei Freundinnen zeigt, dass es ihnen auch nicht besser geht. Sie zittern und schlottern vor sich hin. Selbst die Einsicht, dass durch diesen chemischen Prozess der Muskelarbeit Wärme frei wird, hilft nicht unbedingt weiter.

Gerade als ich dabei bin, in ein neues Stadium der Unterkühlung einzutreten, welches sich äußert in Verlangsamung der Bewegungsabfolgen, Ausfall der Körperreflexe, unklare Sprache und Abnahme der Frequenz von Atmung und Herzschlag, hat der Ober ein Einsehen und stellt direkt neben uns einen Heizpilz auf. Ich habe die Vermutung, dass dies nur geschieht, um zu vermeiden, dass die neue Saison mit vier Frostopfern beginnt.

Durch die sich wohlig ausbreitende Wärme des Heizpilzes macht es vier mal kurz hintereinander „pling" und die am Kristallglasbecher festgefrorenen Eislöffel fallen auf den Tisch. Diejenige von uns, die noch am klarsten sprechen kann, bestellt bei dem hübschen Italiener vier große Cappuccini, welche wir dann auch gleich kochend heiß schlürfen. Ah, jetzt wird es langsam besser. Von außen wirkt die angenehme Wärme des Heizpilzes, von innen der gesüßte Cappuccino. Wir beginnen, unsere unterkühlten Gliedmaßen behutsam zu bewegen und massieren sie vorsichtig. Erfreulicherweise ist der Erfrierungstod abgewendet. Es werden wohl auch keine unschönen schwarzblauen Verfärbungen zurückbleiben.

Da kommt der attraktive schwarzhaarige Italiener von vorhin wieder am Tisch vorbei und sagt augenzwinkernd irgendetwas von „Bellissime signore", was wir mit unserem geschliffenen Volkshochschulkursitalienisch sofort als eindeutiges Kompliment übersetzen. Das wärmt natürlich zusätzlich. Fast stärker als der Cappuccino. Oder der Heizpilz. Aber nur fast. Jetzt geht es uns auf jeden Fall schon sehr viel besser. Toll, nun ist es auch wieder möglich, klare Gedanken zu fassen und sich an gut aussehenden Italienern zu erfreuen.

Entspannt lehnen wir uns zurück und blinzeln in die Sonne. Es ist März.

Und gestern sind nach dem langen Winter endlich unsere Italiener aus dem Süden zurückgekehrt.

Und heute ist ihre Eisdiele zum ersten Mal wieder geöffnet. Und Sie können wirklich sagen, was Sie wollen: Aber das erste Eis im Jahr beim Italiener schmeckt einfach immer am allerbesten!

DER UMGEDREHTE KRAGEN

Heutzutage werden Hemden spätestens dann weggeworfen, wenn man beim Bügeln bemerkt, dass die Kragenkante schütter ist. Dann kauft man eben ein neues. Doch das war nicht immer so. Noch bis lange nach dem Krieg sind Kleidungsstücke sehr wertvoll gewesen und wenn man bemerkte, dass der Kragen durchgescheuert war, trennte man ihn kurzerhand vom Hemd ab und drehte ihn um, also man wendete das Obere nach unten oder auch das Vordere nach hinten. Das war eine wirkliche Kunst und heute beherrscht diese Technik kaum noch jemand. Aber unsere Oma, die kann das noch.

Heute ist Sonntag und wir sind eingeladen zum Kaffeetrinken. Besser gesagt, zum Kirchweihkuchenessen. Und in dem Moment, als die Oma mit der Kaffeekanne hinter dem Stuhl, auf dem sich mein Mann niedergelassen hat, vorbeigeht, sieht sie ihn: einen Hemdkragen in einem wirklich ganz erbärmlichen Zustand. Genau dieses Hemd mit dem blau-weißen Rautenmuster wollte ich übrigens in der Vergangenheit schon mehrmals in einen Altkleidersack stopfen. Doch leider, leider handelt es sich um das absolute Lieblingshemd meines Mannes. Schwierige Sache. „Bring mir doch mal das Hemd vorbei", sagt die Oma. „So", fügt sie hinzu und weist mit einem Seitenblick auf meinen Kirchweihkuchen essenden Mann, „kann er damit nicht mehr unter die Leute gehen."

Ich nehme mir jetzt ebenfalls von dem guten Kuchen, und betrachte versunken kauend das völlig verwaschene Hemd. Welche Farbe hat es eigentlich früher gehabt?, frage ich mich. Ich erinnere mich nicht mehr. Wahrscheinlich hatte es mein Mann bereits in seinem Schrank hängen, als ich ihn vor gut fünfundzwanzig Jahren kennenlernte. „Wann bringst du es denn vorbei?", reißt mich die Oma aus meinen Überlegungen. „Na, frühestens übermorgen", antworte ich ihr. „Waschen sollte ich es vorher schon noch." Mit dieser Auskunft ist sie zufrieden. Mein Mann auch. Die Idee mit dem neuen Kragen gefällt ihm sehr gut. Am nächsten Tag schon bringe ich ihr das Hemd und betone nochmals, dass es nicht so schlimm ist, wenn die Sache mit dem Kragenwechsel nicht funktioniert. „Das Hemd ist ja wirklich schon sehr, sehr alt", füge ich noch heuchlerisch hinzu. Aber meine Anstrengungen führen nicht zum erhofften Erfolg. Sie will sich sofort an die Arbeit machen.

Noch am gleichen Abend kommt der Anruf, dass das Hemd fertig ist. Also eigentlich ruft der Opa an und sagt: „Du, ich wollte dir bloß sagen, dass die Oma deinem Mann den Kragen umgedreht hat." Hier macht er eine kurze Pause und fährt dann fort. „Er war ja wirklich schon alt und in einem ganz schlechten Zustand, das war ja nicht mehr anzusehen. Ein Wunder, dass er so lange durchgehalten hat. Aber Kragenumdrehen war schon immer eine Leidenschaft von unserer Oma, da ist sie fix und da macht ihr keiner so schnell was vor." Dann legt er auf und ich muss an das alte, arme Suppenhuhn denken, dem unsere Oma erst letzte Woche den Kragen umgedreht hat.

In diesem Moment kommt mein Mann zur Tür herein und sieht mich fragend an, weil ich noch den Telefonhörer in der Hand halte. „Ich habe gerade gehört, dass dir die Oma heute Nachmittag den Kragen umgedreht hat", sage ich zu ihm. Bei meinen Worten legt er unwillkürlich die rechte Hand schützend vor seinen Hals, verzieht leidend das Gesicht und schluckt. „Du sollst übrigens das Hemd abholen, es ist fertig", füge ich hinzu. Und weil ich dem Opa noch frische Schwammerl vorbeibringen will, die ich im Wald gefunden habe, gehen wir gemeinsam zu den beiden. Natürlich muss mein Mann das Hemd sofort anprobieren, und wie von mir bereits befürchtet hat die Oma ein Meisterwerk

15

abgeliefert: Vor dem Spiegel stehend dreht sich mein Mann glücklich und zufrieden in dem völlig ausgewaschenen Hemd und seinen undefinierbaren Farben hin und her. Und oben am Hals prangt der umgedrehte Kragen wie ein Fremdkörper, bayerisch blau-weiß kariert, ein Kragen, der ausschaut wie neu gekauft und der so gar nicht zum Rest vom Hemd passen will.

Doch dann schaffe ich es doch noch, meinen Blick vom neuen alten Kragen loszureißen und schaue mich um.

Der Opa ist froh, weil die elende Kragenumdreherei abgeschlossen ist und die Oma jetzt bestimmt Zeit hat, die frischen Waldschwammerl zu braten.

Mein Mann ist mehr als zufrieden, hat er doch schon immer gewusst, dass man so ein pfenniggutes Hemd nicht wegwerfen darf, nur hat es ihm seine Frau einfach nicht glauben wollen.

Die Oma strahlt, weil sich der Bub so freut und weil ihr beim Kragenumdrehen nach wie vor keiner so schnell etwas vormacht.

Na, und ich, ich seufze kurz auf und gebe mich schließlich geschlagen. Gegen die Oma und ihre Nähkünste kommt man einfach nicht an.

Aber andererseits darf ich auch nicht undankbar sein, denn immerhin geht es meinem Mann gut, obwohl ihm heute Nachmittag von einem alten Profi der Kragen umgedreht worden ist.

DAS SOMMERLOCH

Es ist August. Hochsommer. Am Ufer eines kleinen Sees hängt schwer lastend die Hitze in den fast bis zum Ufer reichenden Zweigen. Dort auf dem schmalen Streifen hat sich eine seltsame Gemeinschaft zusammengefunden, angezogen von den kleinen, hitzegeladenen Kieselsteinen: Tiere, die sich wärmen, sonst aber keinem Beachtung schenken. Gemeinsam recken sie sich der Sonne entgegen, deren Wärme sie gierig und dankbar aufnehmen. Wirklich seltsame Gefährten: ein Kaiman, eine Pythonschlange, ein Krokodil und eine Schildkröte. Was sie verbindet? Es sind allesamt frühere Terrarium-Bewohner, die jedoch von ihren Besitzern am See ausgesetzt wurden, als die Tiere zu groß und gefährlich wurden. Hier dösen sie den ganzen Tag ungestört nebeneinander vor sich hin und tanken die kostbare Wärme.

Nicht weit von dieser Zweckgemeinschaft entfernt biege ich ahnungslos auf den Parkplatz ein und warte auf Helmut, mit dem ich mich hier verabredet habe. Und da kommt er auch schon und hält mit seinem Auto direkt neben mir. Ich packe schnell meine Sachen zusammen und gemeinsam gehen wir zu einer schmalen kiesigen Uferstelle. Helmut und ich sind von der lokalen Presse, und heute morgen wurden wir beide mit der eher undankbaren Aufgabe betraut, über die sich häufenden Unfälle am „Kiesi-Beach", einem Baggersee in der Nähe von Pressath, zu berichten: ein beim Durchqueren des Gewässers verschwundener Dackel, die durchbissene Achillessehne eines Kindes, der neun Zentimeter lange, tiefe Kratzer am Bein eines älteren Mannes, welcher behauptet, ein mindestens zwei Meter langes Tier mit langem Schwanz sei in Ufernähe über ihn hinweggeschwommen. Außerdem noch einige angebliche Bisswunden von verschiedenen Badeseebesuchern. Also eine wirklich typische Sommerlochaufgabe.

Wobei sich, so meine ich, all dies sehr einfach erklären lässt: Der Dackel wird sich bestimmt in den nächsten Tagen wieder einfinden. Er hat wahrscheinlich einfach die günstige Gelegenheit zur Flucht genutzt. Die Kratzspur rührt von einem ins Wasser gefallenen Ast her und die durchtrennte Achillessehne, also da tippe ich auf eine Glasscherbe. Die Badegäste lassen aber auch wirklich ihren ganzen Müll herumliegen und werfen ihn sogar noch ins Wasser. Kein Wunder also, dass man sich beim Baden Verletzungen zuzieht. Insofern erklären sich auch die restlichen sogenannten Bisswunden von selbst.

Um die inzwischen doch etwas irritierten Badegästen zu beschwichtigen und das Märchen vom Krokodil in unserem schönen Badeweiher zu entkräften, muss jetzt ein beruhigender Bericht her. Wir beide stehen still am Ufer und mustern die Umgebung. Nichts zu sehen. Kein Killerwels. Kein Krokodil. Keine Python. Wieder mal typisch. Um alles ein bisschen authentischer zu gestalten, schält sich jetzt Helmut aus seinen Kleidern und watet bis zur Brust ins Wasser. Irgendein Foto muss man ja in die Zeitung setzen, auch wenn zugegebenermaßen ein Redakteur im Wasser nicht so sensationell wirkt wie ein Krokodil am Ufer mit aufgesperrtem Rachen. Während Helmut bereits mit ein paar Zügen das tiefe Wasser erreicht hat, mache ich die Kamera bereit und wechsle das Objektiv. Helmut dauert das natürlich wieder mal zu lange und er ruft mir zu, mich doch bitte zu beeilen, er wolle ja nicht den ganzen Tag hier verbringen. Während ich noch verschiedene Kleinteile verstaue, höre ich plötzlich ein Gurgeln und Spritzen, ich blickte auf und sehe, dass Helmut verschwunden ist. Wie verschluckt. Da, wo er noch vor einem Moment gestanden hatte, wallt das Wasser auf, es bilden sich Strudel wie im Amazonas, kurz taucht sein Rücken aus den Fluten, verschwindet wieder, dann ein Bein, das jäh zurück unter die Wasseroberfläche gerissen wird und plötzlich sein Kopf. Aber nur für einen klitzekleinen Moment. Ich sehe seine schreckgeweiteten Augen und einen verzerrten Mund, der offensichtlich versucht, mir etwas zuzurufen, bevor auch er endgültig mit einem Gurgeln, das mich an unseren Gully zuhause erinnert, unter Wasser gezogen wird. Dann Ruhe. Gespenstisch. Ich bin starr vor Schreck. Als ich einen Notruf absetzen will, stößt durch die Wasseroberfläche ein Arm, dessen Hand mit Zeigefinger und Daumen ein „O" formt, das Zeichen der Taucher für „Alles in Ordnung". Ich bin noch immer wie gelähmt. Jetzt taucht auch der Rest auf. Helmut sieht mich in Schockstarre am Ufer stehen, bricht in schallendes Gelächter aus und ruft mir zu: „Na, wie war ich?". Eingeschnappt knipse ich schnell ein Foto und rufe ihm zu: „Du Depp!"

Für mich ist die Sache damit erledigt. Ich werde wie gewünscht eine Reportage schreiben und diese heute Nachmittag in der Redaktion abgeben. Während ich noch damit beschäftigt bin, die Kamera zu verstauen, höre ich hinter mir im Wasser wieder ein gurgelndes Geräusch, vielleicht eine Spur wilder und durchsetzt mit panischen Hilferufen von Helmut. Zweimal der gleiche Witz, nein danke, denke ich mir. Ich blicke nicht einmal auf und schenke Helmut und seinen Späßen keine weitere Beachtung.

In meinem Rücken, von mir unbemerkt, brodelt das Wasser, wie wenn es gleich zu kochen anfangen will. Aber das sehe ich nicht. Ich sehe auch nicht, wie abwechselnd Helmuts Rücken und dann eine Kombination aus Seeschlange, Krokodil, Riesenschildkröte und Monsterwels, mit denen der arme Helmut wohl praktisch gleichzeitig gekämpft haben muss, an der Oberfläche auftaucht und gurgelnd wieder verschwindet. Doch ich schaue ja absichtlich nicht zum Wasser, weil ich mich nicht nochmals auf den

Arm nehmen lassen möchte und verschließe betont langsam meine Fototasche.

Als ich meine hochempfindliche Ausrüstung verstaut habe, schaue ich schließlich doch noch zur Stelle, an der ich Helmut zum letzten Mal gesehen habe und will ihm zurufen, dass er den Blödsinn doch endlich lassen soll. Zweimal falle ich nämlich nicht auf den gleichen Trick herein. Doch er ist verschwunden. Wie vom Erdboden verschluckt. Die Wasseroberfläche ist völlig ruhig und kräuselt sich nur ganz, ganz leicht. Der Farbton des Wassers an der Stelle, wo ich Helmut zum letzten Mal gesehen habe, ist allerdings tiefrot. Muss wohl von der Spiegelung der untergehenden Sonne kommen. Ach, richtig idyllisch dieses Fleckchen hier. Aber weit und breit keine Spur von Helmut zu sehen. Ich nehme meine Fototasche und gehe zum Auto.

Zu Hause, so nehme ich mir vor, werde ich einen schönen Artikel verfassen und damit den Menschen, die hier am Baggersee ihre Freizeit verbringen wollen, die Angst nehmen. Nur wegen einiger hysterischen Spinner, muss man doch den Baggersee nicht sperren oder sogar ablassen. Also ehrlich. Kein Grund zur Sorge. Alles im grünen Bereich.

Eine halbe Stunde später: Es ist August. Hochsommer. Am Ufer des kleinen Sees hängt schwer lastend die Hitze in den fast bis zum Ufer reichenden Zweigen. Dort auf dem schmalen Streifen, an dem bereits vor ein paar Stunden ein Badegast seine Kleidung abgelegt und offensichtlich zurückgelassen hat, ist eine seltsame Gemeinschaft anzutreffen, angezogen von den kleinen hitzegeladenen Kieselsteinen. Die Tiere wärmen sich, schenken sich sonst aber keine Beachtung. Gemeinsam recken sie sich der Sonne entgegen, deren Wärme sie gierig und dankbar aufnehmen. Wirklich seltsame Gefährten: ein Kaiman, eine Pythonschlange, ein Krokodil und eine Schildkröte.

SPORTLICH, SPORTLICH

So ein Sportrad ist schon etwas Tolles. Meines ist knallgelb wie das Postauto, hat einen superleichten Rahmen mit geschliffenen Schweißnähten, hydraulische Felgenbremsen, Federgabel und einundzwanzig Turbogänge. Ich drehe damit regelmäßig meine Runden auf den Flurbereinigungswegen, die rund um unser Dorf verlaufen. Was irgendwie nicht besonders sportlich und spektakulär klingt. Was mir aber langfristig durch einen ausgeklügelten Trainingsplan zu einer dauerhaften schlanken Linie verhelfen soll.

Ich verlasse also mit mäßigem Tempo das Dorf und trete etwas lustlos in die Pedale. Anfangs geht es immer etwas zäh, weil weder Kopf noch Beine von der Notwendigkeit der Plackerei überzeugt sind.

Nach ungefähr zwei Kilometern kommt mir mein Onkel auf dem Traktor entgegen. Ich halte erfreut an, er auch, und wir plaudern ein paar Minuten über die Wildschweinplage, seinen neuen Traktor, das Wetter, die aggressiven Bremsen, also einfach über Gott und die Welt. Abschließend fügt er noch hinzu, dass er es bewundernswert findet, wie ich mich in meiner Freizeit beim Radfahren abmühe. Und dass er selbst sich dazu nie aufraffen könnte. Also ehrlich, Hut ab, sagt er.

Das tut meiner Sportlerseele natürlich ausgesprochen gut, und nach diesem knapp viertelstündigen Plausch radle ich wieder weiter. Beim Wegfahren schalte ich absichtlich in einen hohen Gang und trete kräftig in die Pedale, damit mein Kilometerzähler endlich etwas zu tun bekommt.

Doch bereits hinter der nächsten Biegung drossle ich dann wieder das Tempo. Das hält ja auf Dauer wirklich keiner aus. Und ob die Schinderei überhaupt gesund ist. Kann ich irgendwie gar nicht glauben. Ich schalte jedenfalls vorsichtshalber in einen niedrigeren Gang. Dabei knackt und kracht es plötzlich und die Kette fliegt vom Zahnkranz. Ich steige ab und montiere in der brütenden Hitze herum. Nach zehn Minuten ist die Kette wieder an Ort und Stelle. Völlig ausgedörrt schleppe ich mich daraufhin in den Schatten, wo zufälligerweise auch noch eine Bank steht und trinke in aller Ruhe einen Liter Johannisbeerschorle, die ich vorsichtshalber immer dabei habe. Dann genieße ich auch noch die wunderbare Landschaft, schließe die Augen und höre mir das Summen, Surren und Zwitschern um mich herum an. So, jetzt kann es wieder weiter gehen. Ich werfe einen Blick auf meinen Kilometerzähler und stelle deprimiert fest, dass ich heute irgendwie noch nicht wirklich viel geschafft habe. Und auch meine Durchschnittsgeschwindigkeit ist wenig rekordverdächtig.

Ich fahre also zurück ins Dorf und will gerade in einen Seitenweg abbiegen, der den Anfang einer ziemlich anstrengenden und mindestens einstündigen Cross-Country-Tour markiert, als ich meine Freundin erspähe. Heute habe ich aber auch ein Pech! Sie sitzt mit ihrer Familie im kühlen Schatten vor dem Haus, sieht mich, winkt mir zu und, ja, was bleibt mir anderes übrig, da kann man doch nicht einfach weiterfahren, da muss man praktisch doch schon aus reiner Höflichkeit absteigen, sich dazusetzen und mindestens zwei Tassen Kaffee und ein Riesenstück Erdbeerkuchen mit Schlagsahne essen.

Nach einer halben Stunde auf einem gut gepolsterten Gartenstuhl in der Sonne (alle Schattenplätze waren bereits besetzt) schwinge ich mich mit gerötetem Gesicht wieder auf mein Rad. Jetzt habe ich irgendwie doch keine Lust mehr, die Cross-Country-Tour zu machen, fahre stattdessen ächzend den fünfzig Meter langen Dorfberg hinauf und biege in die Zufahrt unseres Hauses ein.

Mein Nachbar ist gerade in seinem Garten, sieht mich, wie ich hochrot und völlig außer Atem von meinem Hundert-Kilometer-Rad-Marathon heimkehre, nickt anerkennend, streckt den rechten Daumen seiner zur Faust geformten Hand in die Luft und ruft mir zu: „Hey, also echt, deinen Schwung möchte ich haben!" Ich lächle abwiegelnd, winke ihm zu, steige vom Fahrrad und verschwinde im Haus.

Jetzt aber schnell eine kühle Dusche. Danach stelle ich mich in Unterwäsche auf die Waage, die aber wieder einmal nicht richtig funktioniert und völlig unsinnige Werte anzeigt. Auf dem Weg ins Schlafzimmer fordert mich unser großer Flurspiegel nachdrücklich zum Stehenbleiben auf. Höchst widerwillig gehorche ich. Ich drehe und wende mich, ziehe das Shirt etwas nach oben und bin gerade dabei, eine Ansammlung unschöner Ringe und Rollen an meinem Bauch mit Zeigefinger und Daumen in die Mangel zu nehmen, als sich mein Mann an mir vorbeizwängt.

Dabei wirf er einen Blick auf meine Leibesmitte.

Unaufgefordert und völlig unnötigerweise gibt er seine Meinung dazu ab.

„Das da" – und dabei zeigt er mit seinem Kinn auf eben erwähnte Ringe und Rollen – „sitzt ja wirklich ganz schön fest bei dir."

Ich atme ein. Ich atme aus. Ommm.

Trotzdem klappt ein virtuelles Messer in meiner nicht vorhandenen Tasche auf.

Ich bekomme ganz schmale Augen und einen Mörderblick.

Den er übrigens sofort als solchen erkennt.

Und den er gut einzuordnen weiß.

Worauf er sogleich hastig hinzufügt:

„Und das, obwohl du so regelmäßig Rad fährst und sportelst".

Ich klappe das Messer wieder zu. Glück gehabt.

Das war dieses Mal wirklich knapp.

Frustriert murmle ich irgendetwas von Abnehmen, Mistsport, ungerechter Welt und Unterfunktion der Schilddrüse.

Entdecke dann aber plötzlich im Spiegel, dass da noch ein Krümel Erdbeerkuchen an meiner Backe klebt und schiebe ihn mir in den Mund.

Mmh. Echt gut.

DREI GANZE MONATE

Wir stehen am Gartenzaun. „Ach, ich freue mich schon wirklich auf die Zeit, die vor mir liegt", sagt mein junger Nachbar zufrieden. „So lange am Stück nicht zur Arbeit gehen zu müssen. Einfach zu Hause bleiben können." Er schnalzt genießerisch mit der Zunge. Vorfreude pur.

Ehrlich gesagt, beneide ich ihn ein bisschen. Wann hatte ich eigentlich das letzte Mal so ein langes Stück arbeitsfreie Zeit? Ist bestimmt schon fünfzehn Jahre her. Ich knüpple den aufkeimenden Neid nieder und sage wohlwollend: „Na ja, ganz so einfach, wie du es dir ausmalst, wird es wohl nicht werden. Das ist ja auch nicht Sinn und Zweck dieser drei Monate; für deine Freistellung gibt es immerhin einen handfesten Grund." „Ja, ja", wiegelt er ab. „Das kriegen wir schon alles hin." Dann gähnt er und fährt fort. „Weißt du, für die kommenden Monate habe ich mir schon so einiges vorgenommen." Ich werde neugierig und hake nach. „Und was genau willst du alles machen?" Denn eigentlich, so weiß ich, ist die Zeit, in der er zu Hause ist, schon wirklich fest verplant. Nämlich von seiner Frau. Er beginnt mit seiner Aufzählung. „Auf jeden Fall möchte ich unser Haus streichen und die Ölheizung modernisieren. Das ist längst überfällig. Dann will ich meinen Computer neu aufsetzen, mein Motorrad in alle Einzelteile zerlegen und überholen, einen Feuerplatz im Garten anlegen und – nicht zu vergessen –, endlich unseren alten Traktor reparieren."

Ich bin platt. Ganz schön viele Pläne sind das für gerade mal drei Monate. Während ich stumm den enormen Umfang seines Arbeitspensums an mir vorbeiziehen lasse, sehe ich, wie gerade seine Frau das Gewächshaus verlässt und auf uns zukommt. Ihr Gang ist etwas schaukelnd und schwerfällig. Ganz typisch eben für den Zustand, in dem sie sich zurzeit befindet. „Na", sage ich lächelnd zu ihr. „Noch eine Woche, und dann hast du es endlich geschafft." „Ja", meint sie zufrieden und streicht dabei mit ihrer rechten Hand über ihren Neunmonatsbauch. „Aber weißt du schon das Beste?", und bei diesen Worten fängt sie an zu strahlen. „Heute hat mein Mann von seinem Arbeitgeber die Zusage bekommen, dass er drei Monate Elternzeit bekommt. Er wird ab dem Zeitpunkt der Geburt unseres Kleinen zu Hause sein und kann mich dann Gott sei Dank voll unterstützen."

OMAS TALENTE

Ich bin gerade beim Abspülen der Töpfe, als ich meine Tochter und meine Enkelin sehe, wie sie zu zweit in Richtung Haustür marschieren. Meine Tochter sehr zielstrebig und entschlossen, die neunjährige Enkelin eher widerstrebend. Und mit verheulten Augen.

Was wird da denn wieder los sein?, denke ich und registriere gleichzeitig, dass die Kleine einen selbstgestrickten Pullover der anderen Oma, also der Mutter meines Schwiegersohns, trägt. Auch aus diesem Abstand erkenne ich, dass es sich um ein äußerst schwieriges Strickmuster handelt und der Pullover Tummelplatz einer grazilen, langhalsigen Giraffe ist. Ich selber bin ja zugegebenermaßen keine talentierte Strickerin.

Und um gleich ganz ehrlich zu sein, ich bin auch keine Bastlerin. Wenn meine Enkelkinder bei der anderen Oma zu Besuch sind, erhalten sie immer irgendein tolles selbstgefertigtes Geschenk. Sie kommen auch nie zurück ohne von dem sagenhaften Mittagessen oder dem überwältigenden Nachtisch zu schwärmen. Es ist nicht so, dass ich nicht gut koche. Ich koche sogar ziemlich gut, aber eher so die Normalküche. Einen schönen Schweinebraten mit viel Soße und Knödel und zum Nachtisch Kirschkompott von unserem Baum im Garten oder eine Kugel Eis. Es ist wirklich nicht so, dass die Enkel mein Essen nicht loben würden. Aber ich habe den Eindruck, dass sie es eben nicht in dem Maß schätzen wie die Mahlzeiten bei der anderen Oma. Man macht sich halt so seine Gedanken. Na, wissen Sie, die muss ja immer ein bisschen übers Ziel hinausschießen. Da gibt es zum Nachtisch keine einfache Kugel Eis, sondern einen Schoko-Früchte-Bananeneis-in-Herzform-Schlagsahne-Teller. Wirklich etwas übertrieben. Finde ich.

Und wenn die andere Oma auf Besuch kommt, öffnet sie ihre Handtasche und zieht einfach ein paar Schaschlik-Stäbchen, Kleber und etwas buntes Papier aus ihrer Handtasche und innerhalb von zehn Minuten hat sie für jedes Kind eine tolle Überraschung gebastelt. Also echt. Und dann immer dieses Häkeln und Stricken. Jedes Mal zu Weihnachten und zum Geburtstag der Enkelkinder diese aufwändigen Sachen. Schon wunderschön. Aber wie bereits gesagt, etwas übertrieben.

Als ich noch keine Enkel hatte, dachte ich etwas blauäugig, dass man diese typischen Talente wie beste Köchin, beste Strickerin mit dem Zeitpunkt des Omawerdens automatisch bekommt. Quasi über Nacht. Aber nichts da. Ich konnte meiner Tochter schon früher, als sie in der Schule stricken lernte, dabei keinerlei Unterstützung geben. Versucht habe ich es schon, doch leider scheiterte ich jedes Mal: zum Schluss waren wir immer beide gleichermaßen fuchsteufelswild, sprachen für den Rest des Tages keinen Ton mehr miteinander, und sie bekam in der Schule eine Vier minus für die mühsam gemeinsam gestrickten zehn Zentimeter. Meine Hände sind für viele Sachen wirklich hervorragend geeignet, doch anscheinend nicht fürs Häkeln oder Stricken. Ist eben so. Ach, alles muss man auch nicht können.

Es klingelt an der Tür. Ich trockne meine Hände, gehe in den Flur und öffne. „Na, ihr beiden", sage ich, und blicke in das tränenverschmierte Gesichtchen meiner Enkelin. „Was ist denn mit dir passiert", frage ich sie, worauf sie gleich wieder zu weinen beginnt. Irgendwie wütend und zornig. Und dann wirft sie ihren Rucksack in die Ecke.

„Was ist denn los", frage ich jetzt meine Tochter. „Ach, Mama", sagt sie, und schnieft auch schon ein bisschen, „Julia lernt gerade in der Schule stricken und da…". Beim Wort „stricken" blicke ich meine Tochter streng an und ich will sie gerade unterbrechen, als Julia mit dem Fuß aufstampft und wieder wütend losheult. Meine Tochter setzt nochmals an: „Julia, jetzt beruhige dich doch!". Dann wendet sie sich mir aufs Neue zu: „Also Mama, die Julia hat morgen in der Schule Handarbeitsunterricht und soll bis dahin zehn Zentimeter von der angefangenen Mütze weiterstricken. Und Mama …". Ich werde jetzt selber wütend und würde am liebsten beim Wort „weiterstricken" ebenso wie meine Enkelin erbost mit dem Fuß aufstampfen. Ich bleibe aber äußerlich ganz ruhig. Aber wirklich nur äußerlich. Meine Tochter sollte doch wissen, dass ich Stricken verabscheue, dass bei mir Stricknadeln wie auf Kommando zu Boden fallen, dass die Wolle plötzlich Knoten bekommt, dass ich Maschen verliere, die auf Nimmerwiedersehen verschwinden und große hässliche Löcher produzieren und dass meine Strickarbeit am Ende grundsätzlich so ausschaut, als sei sie gerade Opfer eines mehrstündigen Kochwaschgangs geworden. Ich will sie unterbrechen und etwas wirklich Böses sagen, wobei ich mich gleichzeitig frage, warum in Gottes Namen die beiden nicht zur anderen Oma gegangen sind, um sich helfen zu lassen. Diese kurze Gedankenpause nutzt meine Tochter, um den Satz zu Ende zu sprechen: „Und Mama, Julia hasst schon immer Handarbeiten und ehrlich gesagt mindestens ebenso sehr die Handarbeitslehrerin. Und Basteln und Stricken sind ihr ein Gräuel, und da habe ich gedacht, du könntest ihr doch einfach mal …". Mir bleibt bei der Unverfrorenheit meiner Tochter wirklich die Spucke weg und für einen Moment auch die Sprache und so beendet sie ihren Satz: „… erzählen, wie es bei dir damals in der Schule so war und dass du nie gerne gestrickt hast, ja dass du Stricken auch gehasst hast, dass du dich richtig blöd angestellt hast, und dass das alles nicht so schlimm ist." Na, so genau wollte ich es auch wieder nicht wissen, aber wo sie recht hat, hat sie nun mal recht.

Ich schlage meiner Tochter vor, Julia bei mir zu lassen und sie erst wieder in zwei Stunden abzuholen. Dann gehe ich in die warme Küche, im Schlepptau meine schniefende Enkelin. Aus der Schublade hole ich ein großes Stofftaschentuch, in das sie sich geräuschvoll schnäuzt. Immer noch leidend sieht sie mich an. Wir setzen uns auf die Küchenbank, und ich drücke sie fest an meine Seite. Dann beginne ich zu erzählen. Von meiner Schulzeit, als ich im gleichen Alter war wie Julia, und ich immer ausgeschimpft wurde, weil ich nicht stricken konnte. Ich erzähle von der strengen Handarbeitslehrerin und verrate ihr, dass ich sogar heute noch nicht richtig stricken kann, obwohl ich doch schon eine Oma bin. Und dass das überhaupt nicht schlimm ist und mir das auch gar nichts ausmacht. An meiner Seite wird es zunehmend ruhiger, nur ab und zu schnieft es ein bisschen. Und weil sie das alles gar nicht glauben kann und denkt, dass ich sie nur trösten will, schaut sie mich an und fragt. „Oma, ganz ehrlich, du kannst es auch nicht?" Und ich gebe darauf mein Oma-Ehrenwort.

Schließlich hole ich ihren Rucksack, der noch immer an der Haustür in der Ecke liegt und packe das Strickzeug aus. Meine Finger erinnern sich sofort an die elende Quälerei und biegen sich genauso wie damals nach allen Seiten weg. Zehn Zentimeter, sagt Julia, zehn Zentimeter muss sie stricken. Ach, das wird doch wohl zu schaffen sein. Julia und ich einigen uns schnell auf ein Verhältnis von 1:2, d. h. wenn sie eine Reihe strickt, muss ich im Anschluss zwei Reihen stricken. Es ist schwierig, aber wir schaffen es mit vereinten Kräften. Manchmal gelingt uns eine ganze Reihe ohne Verluste und wir beglückwünschen uns und essen eine Schokolinse, denn das muss gefeiert werden. Dann wieder lässt sie eine Masche fallen, die nicht mehr aufzufinden ist und als ich dann dran bin, rutscht mir sogar eine ganze Nadel aus den Händen. Natürlich merken die gemeinen

Maschen sofort was los ist, und manche von ihnen machen sich eilends aus dem Staub, nicht ohne vorher ein gut sichtbares Loch zu hinterlassen. Nach fast zwei Stunden sind wir fix und fertig. Es ist eine furchtbare Plackerei. Das Metermaß sagt acht Zentimeter. Es sollen aber zehn sein. Keine von uns beiden hat noch Lust zum Stricken. Und außerdem sind die Schokolinsen alle. Zugegebenermaßen haben wir nämlich manchmal auch welche gegessen, um uns zu trösten. Acht Zentimeter. Da erkläre ich ihr, aber sie darf mich auf keinen Fall verraten, einen alten Trick. Ich ziehe das Strickzeug einige Male unsanft in die Länge, wir messen, elfeinhalb Zentimeter, das ist eindeutig zu viel, ich schiebe und drücke etwas, Julia misst nochmals, glatte zehn Zentimeter. Geschafft! „Oma, du bist die beste Strickerin", sagt sie, lacht und umarmt mich. Da klingelt es schon und meine Tochter steht vor der Tür. Julia packt ihr Strickzeug in den Rucksack, zieht ihre Jacke an, gibt mir einen Kuss und muss immer noch lachen.

Drei Tage später ruft mich meine Tochter an. Julia hat für ihre Strickhausaufgabe eine glatte Drei bekommen und ist zufrieden. Ich bin es auch. Von einer Vier minus auf eine glatte Drei. Wenn das keine Verbesserung ist. Nicht schlecht, oder? Wahrscheinlich hat das doch etwas damit zu tun, dass ich jetzt eine Oma bin. Eine glatte Drei. Vielleicht sollte ich mich einfach mal versuchen an so einen Pullover mit Giraffe darauf. Oder einem Elefanten. Oder einem Tausendfüßler. Oder einer Spinne mit Netz. Kann doch wohl nicht so schwierig sein. Eine glatte Drei. Oder ich fang mit etwas Leichtem an. Vielleicht Fingerhandschuhe oder so. Na, mal sehen.

KINO, KINO

Wir sind im Kino in Tirschenreuth, mein Mann, mein Sohn und ich. Gerade ist die Werbung zu Ende und der Hauptfilm beginnt. Mit Getöse und einer blutrünstigen Kampfszene. Wär ich nur nicht, hätte ich doch, könnte ich vielleicht jetzt doch noch, sagt meine innere Stimme. Aber ich weiß, dass ich nicht kann. Mitgefangen, mitgehangen. Wir wollten endlich einmal wieder zusammen als Familie ins Kino und haben unserem fast erwachsenen Sohn die Auswahl des Films überlassen. Ein zusätzliches Weihnachtsgeschenk sozusagen.

Jetzt sitzen wir also in einem ziemlich gnadenlosbrutalen Action-Fantasy-Epos, bei dem es so richtig zur Sache geht. Ich werfe einen Blick auf den Rest der Familie. Mein Sohn schaut gebannt auf die Leinwand, auf der bereits das Blut in Strömen fließt und erbarmungslos gemordet wird. Mein Mann auf meiner linken Seite schaut mit unbewegter Mine nach vorne, gähnt dabei aber verhalten. Was mir bei diesem ohrenbetäubenden Lärm völlig unverständlich ist.

Ich konzentriere mich auf die Popcorn-Tüte, die mir mein Mann entgegenhält und versuche mich dadurch abzulenken. Leichter gesagt als getan. Die Handlung wird immer spannungsgeladener und die Kämpfe noch kaltblütiger. Immer wieder schließe ich möglichst unauffällig meine Augen und warte, bis die Lautstärke der Filmmusik etwas abflaut und ruhiger wird. Erst dann wage ich erneut einen Blick auf die Leinwand, ohne Gefahr zu laufen, dass ich zuschauen muss, wie gerade jemand sein Schwert im Bauch des Gegners umdreht. Dazwischen esse ich ein bisschen Popcorn zur geistigen Stärkung, merke aber bereits, wie sich das nächste Unheil anbahnt. Auf der Leinwand führen Elben, Trolle, Orks und Zwerge einen erbitterten Kampf gegeneinander und in einem unachtsamen Moment muss ich mit ansehen, wie einer meiner Lieblingsdarsteller im Kampf brutal aufgespießt wird. Natürlich viel zu spät schlage ich die Hände vors Gesicht und öffne erst Minuten später wieder meine Augen, als das Schlachtgetöse vorbei ist. Nach fast zwei Stunden rohem Gemetzel ist es überstanden.

Wir stehen auf, und ich frage meine beiden Begleiter, wie es ihnen gefallen hat. Unser Sohn ist begeistert von dem Film, mein Mann vergibt eine glatte Drei. Sie finden ihn jedenfalls nicht extrem brutal oder grausam. Immerhin musste keiner von den beiden die Hände vors Gesicht schlagen, den Blick abwenden, sich mit Popcorn ablenken oder gar die Augen schließen. So unterschiedlich ist eben die Sensibilität von Menschen ausgeprägt.

Als wir dann Richtung Ausgang unterwegs sind, werde ich seltsamerweise zusammen mit einigen anderen Kinobesuchern an der Kasse herausgewunken. Zu meinem großen Erstaunen will man mir Geld zurückerstatten, weil ich, so sagt man mir, von den 140 Minuten, die der Film gedauert habe, nur 98 Minuten effektiv auf die Leinwand geschaut hätte. Das würde bei einem Ticketpreis von 11 Euro einen Betrag von 3,30 Euro ausmachen. Ich bin beeindruckt und erinnere mich, dass ich erst letzte Woche in der Zeitung einen Artikel gelesen habe über neue Kinotechnik mit innovativen Sensoren. Man erklärt mir jetzt nochmals ausführlich, dass nur für den Teil des Filmes bezahlt werden muss, den man sich tatsächlich anschaut. Ich bin begeistert. Kurz blicke ich mich um. Es sind praktisch nur Frauen, die neben mir stehen und Geldbeträge zurückerstattet bekommen. Na ja, wahrscheinlich ist das Verhältnis bei Liebesfilmen, in die Männer von ihren Frauen oder Freundinnen unfreiwillig geschleppt werden, eher umgekehrt.

Mein Sohn wird jedenfalls nicht herausgefiltert, er bekommt keinen einzigen Cent zurück. Hätte ich mir ja gleich denken können. Aber ich bin wirklich erstaunt, als mein Mann herausgewunken wird und sich etwas widerstrebend an die Kasse begibt. Ha, denke ich, ihn hat es wohl während des Films trotzdem gegruselt. Und offensichtlich musste er auch hin und wieder bei den brutalen Szenen den Blick abwenden. Ich freue mich ein bisschen, denn diese Tatsache hätte er mir gegenüber niemals offen zugegeben. Er steht am Schalter und oben auf der Kassenanzeige erscheint ein Betrag von 8,80 Euro. Pah, das hätte ich nicht gedacht. 8,80 Euro! Das muss man sich mal vorstellen, ihn muss es ja viel mehr gegruselt haben als mich, er hatte ja praktisch 112 von insgesamt 140 Minuten die Augen geschlossen oder abgewendet. Sorgfältig verstaut er den Geldbetrag, dann stößt er wieder zu uns, bleibt ansonsten aber schweigsam, und wir gehen zusammen Richtung Parkplatz.

„Du hast auch Geld zurückbekommen?", sage ich fragend und zugegebenermaßen etwas herausfordernd. Er windet sich und murmelt einen Satz, den ich nicht verstehe. Ich bohre weiter und stelle ungerührt fest: Also ich habe nur 3,30 Euro zurückerhalten und du hast 8,80 Euro bekommen! Er reagiert immer noch nicht. Jetzt hake mich bei ihm unter und sage provokativ: „Na, war trotzdem ganz schön gruselig, der Film, oder?". Worauf er sich verlegen räuspert und dann meint: „Nein, nicht wirklich. Tut mir leid, aber ich bin während des Films einfach immer wieder eingenickt!"

„EMPTY NEST"

Es ist Samstag. Mein Mann und ich sitzen am Küchentisch. Wir haben schon gefrühstückt und dabei ausführlich über Gott und die Welt geredet. Jeder von uns hat noch eine Tasse Kaffee vor sich stehen, und mein Mann liest den Sportteil der gestrigen Zeitung, während ich gerade dabei bin, ein Magazin durchzublättern. Wieder zu zweit. Zwanzig Jahre lang herrschte um uns herum ein wildes Tohuwabohu. Jetzt Stille und Leere. Die einzigen fremden Geräusche sind das verhaltene Röcheln der Aquariumpumpe und der Kühlschrank in der Küche, der gerade sein Aggregat anwirft. So schnell vergehen also zwanzig Jahre. Brutal.

Ich trinke von meinem heißen Kaffee und meine Augen bleiben an einem Artikel hängen. Wirklich sehr interessant. Und zwar nicht nur für mich, sondern bestimmt auch für meinen Mann.

„Du, hier steht, dass wir beide uns neu definieren müssen."

Mein Mann schaut kurz hoch.

„Hier steht, dass wir Empty-Nest-Eltern sind."

Mein Mann blickt mich fragend an.

„Na, Eltern, die im leeren Nest sitzen. Wir haben vor zwanzig Jahren ein schönes Familiennest geschaffen und jetzt sind die Kinder davongeflogen und wir bleiben allein zurück. Leeres Nest. Empty Nest eben."

Mein Mann sieht, dass mir das Thema am Herzen liegt und ich darüber reden will. Er schlägt also seine Zeitung zu und zeigt offenkundig Redebereitschaft. Vielen Männern sind ja Beziehungsgespräche eher zuwider. Wird von der Frau ein Beziehungsthema angeschnitten, so reagieren sie oft nur mit einem uninteressierten „Hm ... ja ... stimmt ... hast ja recht." Und dann wechseln sie nach einer kleinen

Anstandspause das doch eher unbehagliche Thema. Beispielsweise indem sie die unschuldige Frage stellen: „Und, was gibt es heute eigentlich zu Mittag?" oder „Haben sich die Auspuffgeräusche an deinem Auto weiter verschlechtert?" oder vielleicht auch „Du Schatz, weil ich gerade daran denke, hast du irgendwo meinen 17er-Schraubenschlüssel liegen sehen?"

Er faltet also seine Zeitung zusammen und signalisiert Interesse.

„Hier steht", informiere ich ihn, „dass wir zuallererst folgende Fragen klären müssen: Was machen wir jetzt miteinander? Funktionieren wir noch als Paar? Verstehen wir uns überhaupt noch?"

Mein Mann sagt „Hmm …"

„Hier steht", so fahre ich fort, „dass das Kinder aus dem Haus lassen eine neue Lebensphase markiert, dass das eine Umgewöhnung ist, dass man sich eine neue Aufgabe suchen muss."

Mein Mann fixiert mit seinem Blick Schweinsteiger, der auf der ersten Seite des Sportteils abgebildet ist.

Ich lese ein paar Zeilen aus dem Artikel vor: „Man muss sich völlig neu sortieren, es ist eine Lebensphase, die zu Ende geht und es kommt etwas Neues. Diese Leere wird aber bleiben und man muss sie natürlich irgendwie füllen."

Ich halte beim Vorlesen inne und hebe kurz den Kopf, um nach meinem Mann zu sehen.

Er sitzt nahezu bewegungslos auf seinem Platz.

„Hier schreibt die Familientherapeutin sogar", so bemühe ich mich weiter, „dass das ‚leere Nest' viel für die Eltern verändert. Und zwar nicht nur strukturell, sondern auch sozial, emotional und psychisch."

Mein Mann schaut angestrengt.

Ich fahre fort: „Die Paarbeziehung wird jetzt wieder wichtiger. Man muss sich als Paar neu definieren. Aus Elternschaft wird wieder Partnerschaft."

Ich blicke kurz nochmals hoch. Keine Veränderung von seiner Seite.

„Wir befinden uns in der postparentalen Phase. Man hat wieder mehr Zeit, man hat wieder mehr Freiräume. Man kann entspannte Zweisamkeit genießen."

Ich bin am Ende des Artikels angelangt.

Mein Mann räuspert sich. „Und", meint er, „was heißt das für uns?"

Gute Frage. Ich schaue ihn an und lächle. Ich finde, dass er sich sehr tapfer gehalten hat bei diesem Beziehungsgespräch. Keine Ausflüchte, keine abrupten Themenwechsel seinerseits, keine Fragen nach verlorengegangenen Schraubenziehern, kaputten Auspuffrohren oder dem noch ausstehenden Mittagessen.

Ich lege die Zeitschrift zur Seite und gebe ihm einen Kuss. Dann sage ich: „Wenn wir uns als Paar neu definieren müssen, wenn wir das empty-Nest-Syndrom ernsthaft überwinden und dabei auch noch neue Freiräume füllen wollen, dann, also dann würde ich vorschlagen, dass wir heute Abend ins Kino gehen und hinterher zum Griechen."

„Das", so meint mein Mann sichtlich erleichtert, „ist eine wirklich tolle Idee. Und das war wirklich auch ein ganz interessanter Artikel." Er streckt sich entspannt, schenkt sich frischen Kaffee ein und meint dann: „Fahren wir übrigens heute Abend mit deinem oder meinem Auto ins Kino. Deines gibt ja seit letzter Woche so laute Auspuffgeräusche von sich. Sag mal, hat sich das verschlechtert? Und …was gibt es heute eigentlich zu Mittag?"

DER ABENDSPAZIERGANG

Ich stehe barfuß im Garten und gieße meine Blumen. Es ist viertel neun und nach diesem drückend heißen Tag trauen sich die Menschen erst jetzt gegen Abend wieder nach draußen.

Von der Straße höre ich Stimmen. Eigentlich ein ganzes Stimmenwirrwarr, gepaart mit Gelächter und dem Geräusch sich schnell bewegender Füße. Ich schiebe den Wasserschlauch in die Gießkanne und behalte interessiert unsere Hecke im Auge. Das ist das Schöne am Landleben. Man kennt sich. Und man interessiert sich füreinander. In diesem Moment frage ich mich zum Beispiel, wer geht warum wann wohin? Und sogleich erhalte ich die Antwort. An der Hecke, die unser Haus umgibt, tauchen nämlich die fünf Dorfbewohner auf, zu denen die Stimmen gehören. Als mich die Gruppe erblickt, drosselt sie sogleich am Gartentor ihr Tempo. Ich werde überschwänglich begrüßt und es findet ein kurzer Meinungsaustausch in Sachen Sauhitze, aggressive Bremsen und Wassernotstand statt. Dann zieht die Karawane zielstrebig weiter.

Ich vertiefe mich wieder in meine Arbeit, durchforste die Blumenkästen auf verblühte Stängel, sammle Schnecken ab, ernte Tomaten, esse eine Handvoll Himbeeren und befinde mich eine Stunde später erneut mit der Gießkanne am Gartenbeet vor unserem Haus. Da höre ich abermals Stimmen. Laute Stimmen. Aufgebracht, entrüstet, gereizt. Ein Blick über unsere Ligusterhecke bestätigt meine Vermutung. Es ist die Gruppe, die vorhin gut gelaunt an unserem Haus vorbeigewandert war. Jetzt allerdings klingen die Stimmen genervt. Kleine Kieselsteine fliegen in alle Richtungen aufgrund der aufgebracht stampfenden Schuhe und der Walkingstöcke, mit denen wütend der Straßenbelag bearbeitet wird: Das Ganze wird begleitet von

nachdrücklichem Kopfschütteln und bedrohlich fuchteln-
den Armen.

Ich bin überrascht. Wo ist die friedliche kleine Gemeinschaft von vorhin geblieben? Was ist während des Spazier-
gangs nur passiert? Da bleibt die Gruppe an unserem Gartentor abrupt stehen. Die Nordic Walker bilden einen
kleinen Kreis und reden mit erhobenen Stimmen wild
durcheinander. Dass ich auch noch da bin, nehmen sie im
Eifer des Gefechts gar nicht wahr.

Ich stelle Vermutungen an.

Vielleicht haben sie sich über die jüngste Strompreis-
erhöhung unterhalten und sind erbost wegen der Monopol-
stellung der Energieriesen.

Möglicherweise regen sie sich auch auf, weil in der Nähe
des Dorfes Windräder gebaut werden sollen.

Oder sie diskutieren gerade über die Listenkandidaten
der bevorstehenden Landtagswahl und sind verschiedener
Meinung.

Ganz unauffällig nähere ich mich der Gruppe von der
Innenseite des Zauns. Doch es ist nicht nötig, meine Neugierde zu verschleiern. Keiner nimmt Notiz von mir. Ich
werde einfach nicht beachtet. Allerdings verstehe ich immer
noch nichts, weil der Abstand einfach zu groß ist.

Notgedrungen spekuliere ich also weiter über die Gründe
für den rapiden Stimmungswandel der Gruppe.

Es ist natürlich möglich, dass sie über den Vorstoß des
Landrats debattieren, die Müllgebühren empfindlich zu
erhöhen.

Oder sie sind ganz einfach verärgert über die Mautlösung
der Bundesregierung, die so oder so eine Extrabelastung für
die Bürger mit sich bringt.

Vielleicht schimpfen sie aber auch bloß über die Jäger,
die es nicht gerne sehen, wenn man in der Abenddämme-
rung durch ihren Wald spaziert.

Nur noch einen winzigen Schritt näher, dann, so bin ich mir sicher, würde ich alles gut hören.

Geschafft, jetzt meine ich fast schon einzelne Worte zu verstehen.

Ich mache meinen Hals ganz lang und rücke mit meiner Gießkanne noch ein weiteres Stück an die Gruppe heran.

Ja, und dann wird meine Neugierde schließlich gestillt, ich verstehe endlich den Grund für die lebhafte Diskussion, denn ich höre ganz deutlich die Worte

Lansing,

Brunner-Wirt,

Preissinger,

Brauerei Kirchleitner und schließlich

„Dahoam is Dahoam".

GARTENARBEIT

Ich stehe im Garten. Neben mir ein großer Eimer und mein Unkrautstecher. Liebevoll betrachte ich das Erdbeerbeet. Ach, denke ich mir, schaut eigentlich nicht schlecht aus dieses Erdbeerbeet: schön bunt und wirklich sehr abwechslungsreich. So, so, ‚abwechslungsreich' wird dieser Zustand also heutzutage genannt", meldet sich ungefragt meine innere Gärtner-Pötschke-Stimme zu Wort. Streng weist sie darauf hin, dass ein Erdbeerbeet nicht schön bunt und vielfältig auszusehen hat, sondern dass darin, wie es doch der Name schon so treffend ausdrückt, hauptsächlich Erdbeerpflanzen wachsen sollen.

Ich werfe einen etwas kritischeren Blick auf das Beet. Ja, zugegeben, die Pfefferminze hat wohl meine gärtnerische Untätigkeitsphase in den letzten beiden Wochen schamlos ausgenutzt und sich mit ihrem Wurzelwerk auf den Weg ins benachbarte Erdbeerbeet gemacht.

Ach, und da ist auch noch dieses Prachtexemplar von Kriechendem Gundermann. Wissen Sie eigentlich, dass diese Pflanze eine Delikatesse für die Zubereitung von Wildgemüse ist? Von Unkraut kann hier also absolut keine Rede sein.

Mein Blick wandert weiter und bleibt am Giersch hängen, meinem ganz speziellen Freund. Also der Giersch ist ja ein traditionelles Heilmittel gegen Gicht und Rheuma. Er wirkt appetitanregend, blutstillend und entgiftend. Das habe ich erst letzte Woche auf einem Kräuterseminar erfahren.

Zwischen den Erdbeerpflanzen recken sich außerdem noch zwei Ringelblumen, die kurz vor der Blüte stehen. Ein echter Farbtupfer. Und natürlich nicht zu vergessen einige Löwenzahnpflanzen, welche aber noch nicht blühen.

Es ist ein Wahnsinn, was in so einem Erdbeerbeet innerhalb von nur vierzehn Tagen Regenwetter wächst. Wirklich erstaunlich. Vor allem wenn man davon ausgeht, dass mein Erdbeerbeet vorher picobello in Ordnung war. Zumindest habe ich das so in Erinnerung.

Doch es hilft alles nichts. Schicksalsergeben lasse ich mich auf die Knieschoner sinken und beginne mit der Arbeit. Außer auf die bereits erwähnten Beikräuter stoße ich auf Unmengen von Schnecken. Das ist echt der Hammer: rote und braune Nacktschnecken, Gehäuseschnecken, eine große Weinbergschnecke, graue und schwarze Gartenwegschnecken, Ackerschnecken und auch noch eine exotische Tigerschnecke. Und dieses ganze Spektrum präsentiert sich in nahezu allen erdenklichen Farben und Größen.

Nach einer knappen Stunde habe ich es schließlich geschafft, und das Erdbeerbeet schaut sehr gepflegt aus. Auch wenn jetzt die Erdbeerpflanzen im Beet ziemlich verloren wirken. Irgendwie sieht alles sehr übersichtlich und geordnet aus mit der vielen freien Fläche zwischen den Pflanzen. So gar nicht mein Stil. Vielleicht hätte ich zumindest den Kriechenden Gundermann stehen lasse sollen. Mit seinen hübschen lilafarbenen Blüten hätte er gut die zwischen den Erdbeerpflanzen klaffenden Lücken kaschieren können. Doch dafür ist es jetzt zu spät. Zu guter Letzt erspähe ich noch eine letzte Gehäuseschnecke und drei Nacktschnecken von besorgniserregender Größe, werfe sie über die Hecke in den Nachbargarten, erhebe mich ächzend, drücke meinen schmerzenden Rücken durch, ziehe meine Gartenhandschuhe von den Händen und gehe zwei Schritte zurück, um das neu strukturierte Beet zu begutachten.

Einfach perfekt. Manchmal muss man sich einfach selbst loben. Ich gehe einen weiteren Schritt zurück, und noch einen, als ich plötzlich über etwas stolpere und ungebremst rücklings auf meinen Hintern im Gras lande. Stöhnend richte ich mich auf, versuche mich zu orientieren und erblicke sogleich den Übeltäter. Hatte ich es mir doch gedacht. Eine gefleckte Weinbergschnecke liegt vor mir. Gattung Gigantus. Mit einem Gehäusedurchmesser von beachtlichen dreißig Zentimeter und einer ausgestreckten Körperlänge von fast einem halben Meter: ein richtiges Prachtexemplar. Unbewegt bleibe ich liegen und starre sie an. Sie starrt zurück. Ihr Körper weist eine bräunliche Färbung auf, und das gelbbeige Gehäuse ist kugelig mit einem ausgeprägten rechtsgängigen Gewinde voller sehr feiner Längslinien.

Fasziniert lasse ich meinen Blick wandern: An der Unterseite befindet sich eine große Anzahl von Drüsen, die gerade einen klebrigen Schleim absondern. Vorne zum Kopf meine ich in der Mundöffnung den Rest meines Pflücksalats zu erspähen. Verflixt noch mal. Und weil die Schnecke so riesig ist und so dicht vor mir liegt, sehe ich auch noch in Nahaufnahme ihr Atemloch, das seitlich am Körper liegt. Und nicht zu vergessen zwei kleine Fühler, die am vorderen Ende des Kopfes herauslugen. Weiter hinten befinden sich im Normalfall zwei deutlich größere Fühler mit je einem Auge am Ende des Stieles.

Im vorliegenden Fall fehlt allerdings der zweite Fühler. Dieser liegt nämlich vor mir im Gras wie ein Fremdkörper, ich habe ihn wohl soeben durch meinen ungeschickten Sturz abgerissen. Das übrig gebliebene Stielauge scheint dagegen noch intakt zu sein und fixiert mich ziemlich wütend. Worauf ich vorsichtshalber mein rechtes Bein aus dem Aktionsradius der Schnecke zurückziehe. Sicher ist sicher.

In dieser mehr als spannungsgeladenen Situation höre ich die Stimme meines Mannes, der nach mir ruft. Ich räuspere mich und krächze ein „ich bin hiiiiier am Erdbeerbeet."

Da höre ich seine Schritte,

da biegt er auch schon um die Ecke,

da sieht er mich wehrlos am Boden liegen,
da geht er mitfühlend auf mich zu,
da streckt er mir hilfsbereit seine Hand entgegen,
da sieht er dann aber neben mir die lädierte Schnecke im Gras liegen,
da schüttelt er ungläubig den Kopf,
da sagt er „Oh, nein!",
da hebt er mit seiner ausgestreckten Hand zuallererst die Schnecke hoch,
da lässt er mich einfach auf der Erde liegen,
da sucht er angestrengt am Boden nach dem abge-brochenen Fühler,
da liege ich immer noch im Gras auf meinem Hintern,
da werde ich jetzt auch schon etwas säuerlich,
da findet er endlich den Fühler,
da hebt er ihn auf und drückt ihn auf die Bruchstelle,
da murmelt er etwas von Keramikkleber und schwieriger Bruch,
da registriert er, dass ich ja immer noch im Gras liege,
da streckt er mir endlich wieder seine Hand entgegen,
da hilft er mir dann doch noch hoch,
da wirft er einen Seitenblick auf mein Tageswerk und
da sagt er doch glatt ganz entsetzt „Um Gottes Willen, was hast du denn mit unserem schönen Erdbeerbeet gemacht?"

DAS BIOMETRISCHE PASSBILD

Für die Ausstellung eines neuen Personalausweises benötige ich ein biometrisches Bild: das Gesicht in allen Bereichen scharf abgebildet, ohne Reflexionen oder Schatten, der Kopf ohne Neigung oder Drehung, der Blick direkt in die Kamera, die Augen geöffnet und deutlich sichtbar, das Gesicht in der Mitte des Fotos zentriert und mit einer bestimmten Größe, der Hintergrund strukturlos und einfarbig. Ein ganz einfaches Bild eben.

Ich gehe ins nächste Fotostudio und äußere meinen Wunsch nach einem biometrischen Passfoto zum Mitnehmen. Man setzt mich auf einen Hocker, der sich in der Mitte eines mit Kunstlicht durchfluteten Raums befindet. Und man richtet mich aus.

Gerade hinsetzen, nein, bitte nicht lächeln, jetzt direkt in die Kamera und ins Scheinwerferlicht schauen, Kinn anheben. So passt es. Klick.

Und nochmals, Kinn bitte etwas mehr anheben, nein, den Kopf nicht neigen, schön gerade halten, nicht blinzeln. Perfekt. Klick.

Und ein letztes Mal. Ich atme tief ein. Lasse den Kopf ein drittes Mal leicht nach hinten kippen und kneife unauffällig meine Augen zusammen, um sie gegen das grelle Scheinwerferlicht zu schützen. Wunderbar. Klick.

Das ging ja echt schnell. In zehn Minuten sind die Bilder fertig. Macht fünfzehn Euro.

Die Wartezeit ist schnell um, man gibt mir das Kuvert mit den Fotos, ich bezahle und verlasse das Geschäft.

Neugierig öffne ich auf dem Weg zum Auto das Kuvert und werfe einen ersten Blick auf die Fotos.

Ich schlucke. Das bin doch nicht ich, da sehe ich ja ganz schrecklich aus.

Ich schiebe das Passbild zurück in den Umschlag und warte fünf Sekunden. Dann hole ich es erneut heraus. Und erschrecke wieder. Nur geringfügig weniger als vorher. Und irgendwie, ganz irgendwie erkenne ich mich auf dem Bild dann doch auch ein bisschen wieder. Zumindest die Kleidung und die Ohrringe sind gut getroffen. Aber der Rest! Die Augen kleine zusammengekniffene Schlitze. Die Haut fahl. Meine Lippen zu einem Strich zusammengepresst. Die Mundwinkel nach unten hängend. Meine Haare platt gedrückt und formlos. Alles zusammen erinnert mich an die Frontaufnahme einer soeben gefassten Verbrecherin bei der Polizei. Fehlt nur noch die aufgedruckte Häftlingsnummer. Wie ferngesteuert gehe ich zur Gemeindeverwaltung, um dort das Foto für meinen neuen Pass abzugeben.

Allerdings bin ich mir schon jetzt absolut sicher, dass die Gemeindeangestellte dieses Foto bestimmt nicht akzeptieren wird. Sie wird es genau betrachten, dann wird sie mich mustern und mir kopfschüttelnd mitteilen, dass das auf dem Foto gar nicht ich sein kann. Denn ich würde ja völlig anders aussehen. So wird es kommen. Ganz sicher. Ich klopfe also an der Tür, werde hineingerufen, gebe meinen Antrag ab, die Frau mustert sorgfältig das Bild, schaut mich zum Abgleich kurz an, legt mir ein Formular vor, gibt mir einen Stift und zeigt mir, wo ich unterschreiben soll. Sonst nichts. Ich unterschreibe, gebe ihr den Kugelschreiber zurück und blicke sie nochmals durchdringend an. Keine Reaktion. Sie nimmt das Blatt mit meiner Unterschrift, heftet das Bild dazu und dreht sich um. Vorgang abgeschlossen. Der Nächste bitte. Ich bin bestürzt.

Das Gleiche passiert mir beim Arzt mit meiner neuen Krankenkarte, auf der jetzt seit kurzem auch dieses neue Foto prangt. Wie bereits beschrieben, bin ich darauf praktisch nicht wiederzuerkennen. Schaue aus wie eine entfernte, ältere Verwandte von mir. Die Sprechstundenhilfe nimmt also meine Gesundheitskarte, betrachtet kurz das abgedruckte Bild darauf, mustert mich beiläufig, schiebt die Karte in den Schlitz einer kleinen Maschine und gibt sie mir dann kommentarlos zurück. Alles in Ordnung. Ich bin einigermaßen verstört.

Das Allergleiche erlebe ich auch zwei Wochen später, als ich zur Bank gehe, um ein Konto zu eröffnen. Als man meinen Ausweis verlangt, reiche ich ihn der Angestellten, diese betrachtet das Bild, betrachtet im Gegenzug dann mich und gibt ihn mir dankend zurück. „Hier bitte unterschreiben", meint sie, die Kontoeröffnung ist damit perfekt. Ich bin erschüttert.

Erst war ich ja ganz und gar deprimiert.

Doch nach einer gewissen Zeit begann ich zu begreifen.

Und ich verstand endlich.

Also wirklich.

Man glaubt gar nicht, wie vielen Menschen man begegnet, die schlecht sehen und die eigentlich dringend eine Brille bräuchten.

GERADE NOCH RECHTZEITIG

Als ich mich völlig außer Atem auf den Beifahrersitz unseres Autos fallen lasse, sagt mein Mann vorwurfsvoll: „Ich weiß nicht, aber irgendwie wirst du nie rechtzeitig fertig." Wir sind zum Kaffeetrinken bei seinen Eltern eingeladen und wieder einmal äußerst spät dran. Ich weiß ja, dass diese Kritik durchaus berechtigt ist und will gerade Besserung geloben, als ihm ein „Mist, ich habe den Fotoapparat vergessen!" entfährt. „Bin gleich zurück", setzt er entschuldigend hinzu, stellt den Motor aus und läuft ins Haus. Na ja, denke ich mir beruhigt, dieses Mal liegt es ja nicht an mir, wenn wir zu spät kommen.

Doch genau in diesem Moment baut sich vor meinem inneren Auge das Bild unseres Herds auf mit einem Fragezeichen darüber, was bedeutet: Hast du auch wirklich alle Gasflammen ausgeschaltet? Eine quälende Unsicherheit macht sich in mir breit. Ich werfe einen Blick aus dem Seitenfenster: Mein Mann ist noch nicht zu sehen. Schnell schnalle ich mich ab, hetze hoch zum Ofen, natürlich sind alle Flammen aus. Ich will gerade wieder unauffällig nach unten zum Auto laufen, da bemerke ich, dass die Gittertür des Meerschweinchenkäfigs offen steht. „Auch das noch!", denke ich und will unseren kleinen Hausgenossen schnell einfangen. Doch das Meerschweinchen hat sich in den zwei letzten Stunden ein neues Zuhause hinter unserer Couch eingerichtet. Pfeifenderweise lässt es mich wissen, dass es dort sehr schön ist und dass es im Übrigen keine Lust mehr hat auf diese entwürdigende Käfighaltung.

Ich gebe mich fast geschlagen, doch als es dann übermütig und mit lautem Pfeifen hinter der Couch hervorsaust und unter dem Sessel verschwinden will, erwische ich es gerade doch noch. Zeter und Mordio. Alte Meerschweinquälerin! Ich versuche, es mit einer Karotte und einer Ladung

frischem Heu zu versöhnen. Daraufhin fängt es an, hinge-
bungsvoll zu fressen und verrät mir, dass es hinter unserer
alten Couch – ehrlich gestanden – ziemlich muffig riecht.
Womit es wohl nicht ganz unrecht hat. Also, was wollte ich?
Ach ja, schnell wieder zum Auto. Aber halt, sollte ich nicht
auch noch einen Kuchen zum Besuch mitbringen. Oh
Mann, den hätte ich doch beinahe vergessen. Schnell
schiebe den glasierten Kuchen auf die Platte und lasse den
Deckel einschnappen. So, jetzt aber nichts wie zurück. Ein
Blick auf den Gasherd, alle Flammen sind immer noch aus,
im Wohnzimmer höre ich zufriedenes Pfeifen, in meiner
rechten Hand baumelt der Kuchenbehälter, es kann losge-
hen. Ich höre schon in Gedanken meinen Mann, wie er mir
Vorhaltungen macht und rase die Treppe hinunter in den
Keller zur Garage.

Erfreulicherweise ist das Auto noch leer. Weit und breit
ist kein murrender, leise vor sich hinschimpfender Mann zu
sehen. Abgehetzt zwänge ich mich auf den Beifahrersitz,
nehme den Kuchenbehälter auf den Schoß und versuche
das verräterische Rasseln meines Atems in den Griff zu
bekommen. Im nächsten Moment öffnet sich die Fahrertür
und mein Mann steigt ein. „Bin schon wieder da!", meint er,
und während er seinen Fotoapparat samt Zubehör auf dem
Rücksitz verstaut, fügt er versöhnlich hinzu: „Entschuldige,
aber anscheinend werde manchmal selbst ich nicht rechtzeitig fertig!"

„Ach", sage ich darauf großzügig lächelnd mit einer
beschwichtigenden Handbewegung. „Halb so schlimm,
dafür brauchst du dich doch nicht zu entschuldigen … so
etwas kann ja wirklich jedem passieren …, das ist doch ganz
menschlich."

Argwöhnisch schaut mich mein Mann an. Dabei bleibt
sein Blick fragend am Kuchenbehälter hängen, der sich
jetzt plötzlich auf meinem Schoß befindet, der aber vor

nicht einmal zwei Minuten noch auf der Arbeitsplatte unserer Küche stand. Ich sehe praktisch, wie es in seinem Kopf zu rattern beginnt. „Der Kuchen …", sagt er zögernd und deutet auf den Behälter. Ich erkenne die Gefahr und reagiere augenblicklich. „So, jetzt aber nichts wie los", schneide ich ihm ziemlich abrupt das Wort ab, stelle das Radio lauter, schnalle mich an, hantiere an der Sonnenblende, produziere Hektik und lasse dabei unauffällig die Kuchenbox im Fußraum verschwinden. „Wir wollen ja nicht zu spät zu deinen Eltern kommen!" Mein Mann startet den Motor. Gerettet!

KATZENGERECHTE ERNÄHRUNG

Unsere Katze hat bei den Mahlzeiten jeden Tag die Auswahl zwischen:

- Feiner Mahlzeit mit Hühnchen in Yoghurt
- Putenhäppchen in heller Soße
- Premium – Kalb- und Geflügelragout
- Feinsten Stückchen von der Bioente
- Knackigem Snack mit Rind und Malz
- Leckeren Variationen Geflügel-Cocktail
- Zarten Häppchen vom Wild
- Exquisiten Lachsfiletstückchen in zarter Paté
- Saftigen Streifen mit Truthahn in Gelee
- Delikatem Lamm mit Gemüsevariationen
- Meeresfrüchten in delikater Soße

In Portionsschälchen und ohne Konservierungsstoffe. Bissen für Bissen ein Genuss. Stück für Stück ein Gaumenschmaus. Für Gourmets und kleine Feinschmecker. Ausgewogen, vollwertig, ganzheitlich. Ohne Aroma- und Farbstoffe. Herzhafte Rezepturen. Sehr schonend verarbeitet und von höchster Qualität. Abwechslungsreiche Genusswelten. Himmlische Vielfalt. Köstliche Leckerbissen. Einzigartige Geschmackserlebnisse.

Und gestern Nachmittag ist diese Katze doch glatt mit einer halbtoten Maus in unser Wohnzimmer spaziert und hat sie dort seelenruhig vor unseren Augen verspeist. Hingebungsvoll und mit absolutem Wohlgenuss.

So ein Mistvieh!

DAS MODEL

Ich stehe vor dem Spiegel im Badezimmer und bereite mich vor. Die Grundierung, das Augen-Make-up, der Lidstrich, ein bisschen Rouge, der Lippenstift in der Schattierung dieses Winters, dazu ein farblich abgestimmter Konturenstift. Ich begutachte mein Gesicht. Fast perfekt. So perfekt man eben ab einem gewissen Alter aussehen kann.

Ich atme tief ein und langsam wieder aus. Jetzt ganz ruhig bleiben. Irgendwie unglaublich. Aber in knapp zwei Stunden ist es so weit: Ich stehe nämlich seit letzter Woche bei einer ganz bekannten Firma als Model unter Vertrag, und heute habe ich meinen ersten Einsatz.

Großer Auftritt. Model. Ich. Unfassbar. Und dabei hatte ich vorher mit dieser Branche absolut nichts am Hut. Im Gegenteil. Während ich den Lidstrich nachziehe, räuspere ich mich und sage im Erzählton zu meinem Gegenüber im Spiegel: „Ach, na ja, wissen Sie, nebenbei arbeite ich ein bisschen als Model. Hat sich zufällig so ergeben. Nichts Großes. Macht aber wirklich Spaß." Also das klingt doch bereits ziemlich profimäßig.

Schnell schlüpfe ich in meine schwarzen Pumps mit den Mörderabsätzen und ziehe die türkisfarbene Seidenbluse über. Dann begutachte ich mich nochmals im Flurspiegel. Tadellos.

Ich drehe mich hin und her. „Nebenbei arbeite ich als Model. Macht wirklich Spaß. Jetzt, wo die Kinder aus dem Haus sind, hat man einfach auch wieder mehr Zeit", erzähle ich verschwörerisch meinem Spiegelbild. Klar, mit fünfzig ist man nicht mehr die Jüngste. Und wie die meisten in meinem Alter kämpfe auch ich gegen einen Anflug von Krähenfüßen, gegen hängende Backen und Tränensäcke. Aber bisher habe ich das alles ziemlich gut im Griff. Jetzt noch ein Hauch Parfum und es kann losgehen.

Sie fragen sich sicher, wie gerade ich es in meinem Alter geschafft habe, einen lukrativen Werbevertrag mit einer bekannten Modefirma zu ergattern, wo selbst junge und ausgesprochen hübsche Frauen größte Schwierigkeiten haben, in der Branche Fuß zu fassen.

Na ja, ehrlich gesagt bin ich kein Laufsteg-Model im klassischen Sinn, so wie beispielsweise Claudia Schiffer oder Heidi Klum. Ich bin mehr so ein, sagen wir mal, Körperteil-Model. Und wissen Sie, um als Körperteil-Model in dieser Branche Erfolg zu haben, muss man ausgesprochen fotogene Körperteile haben. Ein Hand-Model beispielsweise zeichnet sich durch wunderschöne Hände aus und modelt meist für Juweliere: Von diesem Model bekommt man immer nur die perfekt geformten Hände mit den manikürten Fingernägeln zu sehen. Sonst nichts.

Und eben solch ein Köperteil-Model bin ich auch. Mit dem Unterschied, dass ich kein Hand-Model bin, sondern ein Bein-Model. Und ja, Sie liegen richtig mit Ihrer Vermutung: Ein Bein-Model zeichnet sich durch extrem attraktive Beine aus. Also, schlanke Fesseln, nicht zu muskulöse Waden, straffe Haut und runde, nicht zu spitze Knie. Bein- und Fuß-Models werben beispielsweise für die exklusive Schuhmode großer bekannter Firmen oder für Nagellack, wobei eben nur das außerordentlich attraktive Bein bzw. der Fuß fotografiert wird und nicht das Gesicht.

Und jetzt wollen Sie endlich wissen, wofür ich werbe.
Nun, da bin ich ganz offen
Ich werbe für Strümpfe.
Also, genauer gesagt für medizinische Stützstrümpfe.

Und denken Sie sich mal, letzte Woche habe ich ein weiteres Angebot bekommen.

Sie sehen also, karrieremäßig geht es gut voran.

Um nicht zu sagen steil bergauf.

Diesmal will mich eine bekannte Firma unbedingt als Fuß-Model.

Mich und nur mich.

Zur Werbung für kosmetische Artikel.

Oder genauer gesagt für medizinische Produkte.

Ich werbe für Pflaster.

Für Blasenpflaster.

Und für Hühneraugenpflaster.

So jetzt muss ich aber los, mir läuft die Zeit davon. Ich darf auf keinen Fall zu spät zum Fotoshooting kommen. Denn wissen Sie … ich arbeite nebenbei als Model. Hat sich zufällig so ergeben. Nichts Großes. Macht aber wirklich Spaß!

MOMENTENSAMMLER

Zugegebenermaßen habe ich die Konzertkarten in praktisch allerletzter Minute über ein Internetportal gebucht und war dann auch nicht wirklich überrascht, als nur noch wenige Plätze ziemlich weit hinten zur Auswahl standen. Das kommt eben davon, wenn man bestimmte Sachen immer vor sich herschiebt. Na, jetzt ist es auch schon zu spät für Selbstvorwürfe. Mein Mann und ich werden auf jeden Fall in der vorletzten Reihe des bestuhlten Saales schnell fündig. Ich ziehe meine Jacke aus und setze mich. Dann blicke ich nach vorne zur Bühne. Enttäuschung. Eine Gitarre, die oben auf der Bühne am Mikrofon lehnt, ist nur noch als kleiner Punkt zu erkennen, und das Klavier an der Seite ist ungefähr so groß wie das von Herrn Schroeder in Peanuts. Darüber hinaus ist der Konzertsaal ebenerdig ohne ansteigende Sitzreihen. Und von Übertragung auf Großleinwand hat der Veranstalter auch noch nichts gehört. Ich bin ein bisschen deprimiert.

Außerdem tränt mein rechtes Auge ganz fürchterlich. Aber nicht wegen der mehr als unbefriedigenden Platzsituation. Es juckt irgendwie schon seit heute Nachmittag und praktisch zeitgleich habe ich logischerweise begonnen, am Auge zu reiben. Wie man das eben tut. Inzwischen ist es feuerrot. Aber da ich hier sowieso niemanden kenne und mein Mann das völlig veränderte Aussehen seiner Frau nicht weiter bemerkt, nehme ich es auch gelassen.

Dann beginnt das Konzert. Einfach toll. Dieser Schmidbauer. So schön. Wie der singt. Und erst der Kälberer. Bleibt immer ein bisschen im Hintergrund und zieht virtuos die Fäden. Natürlich könnte ich das Konzert viel mehr genießen, wenn ich einen besseren Blick zur Bühne hätte und wenn dieses verflixte Auge nicht so stark jucken würde.

So ungefähr im letzten Drittel, als die Oldies but Goodies ausgepackt werden, ist endlich Zeit für mein Lieblingslied, den „Momentensammler". In den Reihen vor mir hält es beim Stichwort „Momentensammler" natürlich niemand auf den Stühlen. Stehend, klatschend, singend. Leider sehe ich jetzt überhaupt nichts mehr. Nicht mal die auf Playmobilformat gezoomte Gitarre. Also erhebe ich mich ebenfalls und klatsche weiter. Aber deshalb habe ich auch keinen besseren Blick nach vorne.

Dann juckt gemeinerweise wieder mein rechtes Auge und um den Juckreiz niederzuringen, muss ich dreimal ganz schnell hintereinander zwinkern. Und genau in diesem Moment geschieht es. Die Zeit bleibt einfach stehen. Alle sind wie eingefroren. Praktisch von einem Moment auf den anderen. Vor mir, hinter mir, sogar mein Mann neben mir. Nur ich nicht. Seltsam. Alle erstarrt. Mit Händen, die sich in verschiedenen Phasen der Klatschbewegung befinden und Mündern, die tonlos alle die gleiche Silbe formen, nämlich „Mo". Na so was.

Dann, so denke ich mir, sollte ich wohl die Gelegenheit schnell mal nutzen und diesen Moment einsammeln, wenn er sich mir schon anbietet. Ist ja auch zugegebenermaßen ein sehr schöner Moment. Ich verlasse also vorsichtig meine Stuhlreihe, entschuldige mich überflüssigerweise bei allen, denen ich irgendwie zu nahe trete und gehe seitlich nach vorne zur Bühne. So ein Moment wird ja hoffentlich noch etwas länger dauern, denke ich mir, denn ich will keinesfalls auf dem Präsentierteller stehen, wenn der Augenblick wieder vorbei ist. Ich steige die sieben Stufen zur Bühne hinauf und sehe jetzt alles in Lebensgröße. Na, endlich.

Dem Werner, also dem Schmidbauer, nehme ich die rechte Hand von der Gitarre und schüttle sie. Wollte ich ja schon immer mal machen. Ich schüttle ziemlich lange, weil, ganz offen gesagt, wann werde ich je wieder Gelegenheit dazu haben. Dabei sage ich ihm, dass ich seine Lieder in bayerischem Dialekt ganz toll finde. Also ehrlich, Hut ab. Und ich beglückwünsche ihn zu seinem Talent.

Dann gehe ich weiter zum Herrn Kälberer. Mir fällt einfach sein Vorname nicht ein. Ist ja egal. Merkt ja keiner. Vorsichtig nehme ich ihm sein exotisches Instrument aus der Hand. So schaut also ein „Hang" aus. Wie aus der Ferne bereits vermutet, hat es starke Ähnlichkeit mit der verzinkten Metallwärmflasche meiner Oma. Und funktioniert wahrscheinlich nach dem gleichen Prinzip. Ich setze mich und versuche probeweise, ihm einige Töne zu entlocken. Es sieht nicht nur aus wie die Wärmflasche meiner Oma, nein, es hört sich auch so an. Zumindest, wenn ich darauf klopfe. Na ja, jeder muss ja auch nicht darauf spielen können. Ich glaube mich dunkel daran erinnern zu können, Omas gutes altes Stück auf unserem Speicher zu Hause zwischengelagert zu haben. Vielleicht, wenn wieder einmal die staade Zeit kommt, könnte ich die Wärmflasche runterholen, mit heißem Wasser füllen und ein paar Weihnachtslieder darauf spielen. Vorsichtig gebe ich Martin, ja genau, jetzt ist es mir wieder eingefallen, er heißt Martin Kälberer, das Instrument zurück.

So, eigentlich ist jetzt alles gesagt und gesehen habe ich auch genug. Langsam steige ich die Treppe wieder hinunter und mache mich auf den Weg nach hinten in die Dunkelheit zu Block D, Reihe 6, Platz 66. Mein Auge beginnt wieder zu jucken. Ich bleibe jedoch schon in Höhe der Reihe 5 stehen auf der Suche nach der Blondine, die während des Konzerts direkt vor mir gesessen und permanent meine Sicht behindert hat. Schnell ziehe ich meine Fingernagelfeile heraus, quetsche mich zu ihr durch und stutze in Windeseile die Zehn-Zentimeter-High-Heels-Absätze der Frau auf ein erträgliches Ballerina-Absatz-Niveau zurück. Und weil ich gerade dabei bin, nehme ich meine Haarbürste und kämme ihre am Hinterkopf hochtoupierten Haare flach und glatt nach unten. So sieht das zwar nicht mehr so schick wie vorher aus, aber mein Ausblick ist jetzt dafür phänomenal. Nur den Martin sehe ich immer noch etwas schlecht. Oh, und jetzt bemerke ich auch, dass ich auf der Bühne vor lauter Aufregung vergessen habe, Schmidbauers Finger der rechten Hand wieder zurück auf die Gitarrensaiten zu legen. Aber dafür ist jetzt wirklich keine Zeit mehr.

Zufrieden mit mir gehe ich dann in dem Bewusstsein an meinen Platz zurück, dass sich manche Augenblicke im Leben doch ganz schön hinziehen können. Interessiert blicke ich in die Gesichter der Konzertbesucher um mich herum. Alle formen mit ihrem Mund die Silbe „Mo" und mir fällt ein, dass die Zeit genau in dem Augenblick stehen geblieben ist, als der ganze Saal das Wort „Momentensammler" gesungen hat.

Wie soll ich es jetzt nur anstellen, dass die Zeit wieder vergeht? Während ich noch überlege, fängt mein rechtes Auge erneut an, wie wild zu jucken und ich kann einfach nicht anders als dreimal schnell hintereinander zu zwinkern. Und dann ist der Moment plötzlich vorbei, alles ist wieder in Bewegung, die Blondine vor mir kippt leicht nach hinten, Werner Schmidbauer schaut etwas ratlos auf seine rechte Hand, die immer noch untätig nach unten hängt und ich stimme in den Chor der Konzertbesucher ein und singe lauthals: „-mentensammler".

ENTSPANNUNG

Montag: 19.00 – 21.00 Uhr: Klangschalentherapie
Dienstag: 16.30 – 18.00 Uhr: Hatha-Yoga-Kurs
Mittwoch: 18.00 – 20.00 Uhr: Progressive Muskelentspannung nach Jacobsen
Donnerstag: 17.00 – 18.30 Uhr: Autogenes Training
Freitag: 20.00 – 22.00: Meditative Tänze
Samstag: 8.00 /Sonntag 16.00 Uhr: Workshop für Pilates
Montag: 18.30 – 20.30: Tai-Chi für Berufstätige
Dienstag: 16.00 – 19.00: Burnout-Prävention
Mittwoch: 18.00 – 20.00 Uhr: Autosuggestion für Anfänger
Donnerstag: 17.30 – 19.30 Uhr: MBSR-Achtsamkeitstraining
Freitag: 16.00 – 21.00 Uhr: Massageseminar
Samstag; 8.00 und Sonntag 16.00 Uhr: Wochen-Work-Out
für Chi-Gong-Meditation

***

Montag: 14.00: Arzttermin: gleiche Diagnose wie bereits
vor zwei Wochen:
erhöhter Blutdruck
Verspannungen
Verdacht auf Tinnitus
Herzrhythmusstörungen

***

Also, ehrlich, ich bin so was von enttäuscht.

Die ganze kostbare Zeit. Verplempert. Voll der Aufwand. Und praktisch kein Effekt.

Vor genau zwei Wochen riet mir mein Arzt, ich solle doch kürzer treten. Mir etwas Gutes tun. Abschalten. Mich entspannen.

Ich bemühe mich doch. Sieht man das denn nicht?

Was soll ich denn bitte sonst noch tun, um zu entspannen?

SIMPLIFY YOUR LIFE

Gerade habe ich die letzten Sätze des Bestsellers „Simplify your life" gelesen. Echt beeindruckend. Immer noch ganz in Gedanken schließe ich das Buch und starre vor mich hin. Simplify your life – Vereinfache dein Leben. Die Idee, die hinter dieser Aussage steckt, ist unkompliziert und zugleich bemerkenswert. Ja, sagt eine begeisterte Stimme in mir. Ja, ich will mein Leben entrümpeln. Ich will es entschleunigen, um zum Wesentlichen zu finden und zu mir selbst. Ja, ich will.

Unruhig blicke ich mich um. Am besten beginne ich gleich, einige dieser Ideen in die Tat umzusetzen. Na ja, vielleicht sollte ich nicht sofort mein ganzes Leben umkrempeln. Vielleicht sollte ich eher mit etwas Kleinem beginnen. Meine Finger trommeln schon ungeduldig auf die Sessellehne, während ich mit den Augen Ausschau nach einem lohnenden Objekt halte. Mein Blick bleibt an einer Schublade unseres Schranks hängen, welche bestimmt gefüllt ist mit Sachen, die keiner braucht, die mich belasten, die mein Chi verstopfen, die mich daran hindern, frei zu sein.

Ich öffne die Schublade und trage deren Inhalt zum Wohnzimmertisch. Sorgfältig breite ich alles aus. Als Erstes führe ich eine grundsätzliche Zweiteilung durch. Auf die eine Seite lege ich die Dinge, die mir gehören und auf die andere Seite kommt der Kram meines Mannes.

Zufrieden blicke ich auf mein Werk und rufe mir dann die Grundsätze in Erinnerung. Wie war das nochmal? Ja, genau, zu neuer Gelassenheit durch Ausmisten. Ich entscheide mich spontan, dieses Prinzip zuallererst auf die Stapel mit den Sachen meines Mannes anzuwenden.

Fünf Schrauben, übriggeblieben bei der letzten Reparatur unserer Spülmaschine vor einem halben Jahr; eine alte

Brille, deren Gläser, wie ich auf einen Blick erkenne, inzwischen viel zu schwach sind für seine Augen; der Sportteil einer Zeitung, leicht vergilbt; ein verfallener Gutschein des hiesigen Baumarkts; ein Meter, bei dem die Ziffern, der ersten zwanzig Zentimeter kaum noch lesbar sind, eine Überraschungsei-Figur eines Fußballspielers, eine Handvoll Quittungen, ein vergilbter Zettel mit einer hingekritzelten Telefonnummer; ein Wecker, der nicht mehr funktioniert und den keiner vermissen wird.

Ich betrachte ganz unvoreingenommen den Stapel, nehme ein Ding nach dem anderen in die Hand, überlege kurz und werfe dann die Sachen ohne zu zögern in den Abfalleimer. Aktion abgeschlossen, Entrümpelung geglückt. Puh, schon merke ich, wie ich meinem Ziel ein kleines Stück näher gekommen bin und spüre das aufmunternde Lächeln des Buchautors. Gut gemacht, weiter so! War doch gar nicht so schwer, oder?

Nun wende ich mich dem Stapel mit meinen Sachen zu.

Ein alter Brief einer guten Freundin; eine Zeitung, bei der ich mich nicht mehr genau erinnere, warum ich sie aufgehoben habe; ein kaputter Kugelschreiber mit Leuchtanzeige, ein ramponierter Schlüsselanhänger mit dem Bild meiner Kinder, alte Konzertkarten, ein Porzellanhase mit nur noch einem Ohr, eine nicht mehr ganz funktionstüchtige Backuhr, ein altes Taschenbuch, ein Bilderrahmen, ein Rezept für Erdbeer-Tiramisu, einige Quittungen, ein altes Adressbuch.

Hm. Schwierig. Schwieriger jedenfalls als die Entscheidungsfindung beim ersten Stapel.

Viel schwieriger sogar.

Eigentlich gar nicht damit zu vergleichen.

Da klingelt das Telefon.

Meine Freundin ist dran und braucht meinen weisen Rat.

Das wird erfahrungsgemäß länger dauern.

Andererseits kann ich doch unmöglich meine Sachen einfach so auf dem Tisch liegen lassen.

Während ich noch überlege und mit der einen Hand das Telefon an mein Ohr halte, öffne ich mit der anderen die Schublade und schiebe vorsichtig, ganz vorsichtig, damit ja nichts kaputtgeht, den kompletten Stapel mit meinen Sachen wieder hinein.

Ein flüchtiger Blick genügt, und ich erkenne sofort:
Die Schublade ist jetzt viel, viel übersichtlicher.
Nicht mehr vollgestopft.
Entwirrt.
Ich fühle schon, wie sich etwas löst.
Wie das Chi zu fließen beginnt.
Einfach genial diese Idee mit der Entrümpelung.
Und das Tolle daran: ich habe das System auf Anhieb verstanden.
Bin total begeistert von dieser Methode.
Sollte meinen Mann auf jeden Fall auch noch davon überzeugen.
Oder vielleicht doch lieber nicht.
Simplify your life.

KATZENGEDANKEN

Es ist Abend. Ich habe mir gerade ein Radler mit einer schönen Schaumkrone eingeschenkt und lasse mich in den Wohnzimmersessel fallen. Ah, das tut so gut. Auf der Couch neben mir sitzt bereits mein Mann. Er gähnt zufrieden und streckt sich. Dann erzählt er von seinem anstrengenden Tag in der Firma, wir kommen auf unseren Sommerurlaub zu sprechen, überlegen gemeinsam, ob wir wegfahren wollen und wenn ja, wie lange und wohin; er sagt mir, dass ein Brief von der Versicherung gekommen ist, wir machen uns Gedanken, ob jetzt wohl der günstigste Augenblick wäre, Heizöl zu kaufen, ich schildere ihm meinen Beinaheunfall mit dem Fahrrad und erwähne, dass uns die Nachbarn für Samstag zum Grillen eingeladen haben; es wird entschieden, wer von uns beiden das Hochzeitgeschenk für die Nichte kauft und schließlich stellen wir noch entsetzt fest, dass mein armes altes Auto nächsten Monat zum TÜV muss.

Als das alles geklärt ist, schaltet mein Mann den Fernseher an und zappt sich durch die Programme. Ich nehme gerade einen großen Schluck vom Radler, als mein Blick auf die in ihrem Korb schlafende Katze fällt. „Oh, Mann", seufze ich. „Die hat es doch wirklich schön. Sie muss sich nie Gedanken über Versicherungen, Heizöl, Arbeitsplatzsicherheit und Hochzeitsgeschenke machen. Sie wird nie von der Sorge gequält, ob die Miete erhöht wird und ob ihr Nachwuchs einen Kindergartenplatz bekommt. Sie steht nie in der Küche und fragt sich, was sie denn heute kochen soll und nie muss sie sich beunruhigen wegen der seltsamen Geräusche, die die Waschmaschine seit neuestem von sich gibt. Ach, die Katze weiß wirklich nicht, wie gut sie es hat. Auf sie wartet in der Küche immer eine Schale Futter, ein trockener Schlafplatz und, falls gewünscht, Streicheleinheiten in Hülle und Fülle. Sie braucht sich nicht zu kümmern und quälende Gedanken sind ihr fremd."

Mein Mann zappt immer noch durch die Sender, als er mit einem Seitenblick auf die Uhr bemerkt, dass es gleich 20 Uhr ist. Schnell schaltet er auf ARD um. Genau im richtigen Moment, denn sogleich ertönt der markante Gong. Im selben Augenblick hebt unsere Katze wie elektrisiert den Kopf und blinzelt benommen.

„Oh Gott, ist es denn schon 20 Uhr? Ich habe mal wieder total verpennt. Echt blöd, wo ich doch bereits vor einer Viertelstunde mit dem Nachbarskater verabredet war. Na, der ist bestimmt wieder voll eingeschnappt wegen meiner Verspätung. Wirft mir immer vor, ich würde ihm schöne Augen machen und ihn dabei nur ausnutzen wollen. Pah, und dieser schreckliche Geschmack in meinem Maul. Muss an der alten Maus liegen, die ich heute Nachmittag verspeist habe. Sie liegt ja echt wie Blei im Magen und zu allem Überfluss habe ich auch noch Sodbrennen davon. Möchte wirklich nicht wissen, wie viele Jahre die schon auf dem Buckel hatte. Da wäre vielleicht ein oder zwei Schluck Wasser aus dem Gartenteich keine schlechte Idee. Mit Mundgeruch zum Rendezvous, das geht ja gar nicht. So, jetzt noch ein paar Dehnübungen, dann mache ich hier die Fliege. Was höre ich da in den Nachrichten, es herrscht nach wie vor Bürgerkrieg im Nahen Osten? War ja irgendwie abzusehen, dass das ein Pulverfass bleibt. Ach, und die Steuern werden schon wieder erhöht. Warum wundert mich das nicht wirklich? Alle Jahre wieder fallen die Bürger unseres Landes auf die leeren Wahlversprechen der Politiker herein. Da kann man nur mit dem Kopf schütteln. Oh Mann, ich bin so etwas von zu spät dran! Aber die Tagesschau müsste eigentlich gleich zu Ende sein und den Wetterbericht möchte ich unbedingt noch anschauen. Ah, da ist er ja schon. Hm, morgen wird es also definitiv nicht regnen. Falls die Vorhersage richtig ist. Mit diesen Meteorologen habe ich ja schon so einige negative Erfahrungen gemacht. Studieren jahrelang und wissen dann letztendlich doch nicht, wie das Wetter wird. Na ja, wenn es stimmt, was sie sagen, könnte ich auf jeden Fall einen langen Ausflug machen. Der Nachbarkater hat übrigens gehört, dass unser hiesiger Jäger streunende Katzen, die sich weiter als fünfhundert Meter vom Dorf entfernen, gnadenlos abschießen will. Also wirklich, ich finde, dass man in diesem Land als Haustier grundlos schikaniert und diskriminiert wird. Genau zu diesem Thema sollte es endlich einmal ein Bürgerbegehren geben. Themen wie zum Beispiel die Wahlfreiheit zwischen G 8 und G 9 oder das Rauchverbot sind doch nicht wirklich von Bedeutung. Es ist doch echt deprimierend, worüber man sich in diesem Land als Katze ständig Sorgen und Gedanken machen muss."

Ich werfe einen Blick auf unsere Katze und sehe, wie sie aufrecht im Korb sitzt und scheinbar ihre ganze Aufmerksamkeit dem Sprecher der Tagesschau widmet. Als ob sie alles verstehen würde. Bei diesem doch ziemlich abwegigen Gedanken muss ich über mich selbst lachen. Sofort nach dem Wetterbericht hüpft sie dann wie auf Kommando federnd aus ihrem Korb, schlendert zu mir herüber und streicht wie zufällig um meine Beine. Ich beuge mich hinunter, hebe sie hoch und kraule ihren Kopf. Als sie gähnt, trifft mich unvorbereitet ein Schwall verbrauchter Atemluft. Unwillkürlich muss ich an ein altes Stück überreifen Camembert denken. Bevor ich mich jedoch bei ihr darüber beschweren kann, windet sie sich aus meinen Armen und verschwindet eilig Richtung Katzenklappe.

STEUERLATEIN

Ein jeder stöhnt über die jährliche Steuererklärung und beschwert sich dabei besonders über unverständliche Formulierungen und Erläuterungen. Deswegen möchte ich heute einen Begriff aus dem Steuerdschungel erläutern, über den Sie bestimmt auch schon das eine oder andere Mal gestolpert sind. Am besten erklärt man ja schwierige Bezeichnungen anhand von anschaulichen Situationen aus dem täglichen Leben.

Hier ein erstes Beispiel: Meine Freundinnen und ich beschließen, übers Wochenende ohne unsere Männer wegzufahren.

Worum könnte es sich hier steuertechnisch handeln. Haben Sie schon eine vage Vermutung?

Ein andere Situation: Mein Mann geht jeden Sonntag zum Frühschoppen und lässt mich in der Küche unseres Hauses zurück, damit ich in aller Ruhe das Mittagessen zubereiten kann.

Von welchem fiskalen Fachbegriff ist hier wohl die Rede. Na, keine spontane Idee?

Ich gebe noch einen letzten Hinweis: Mein Mann und ich sitzen abends im Vereinslokal. Es ist bereits nach zwei Uhr, er will auf keinen Fall schon heim, mir fallen aber bereits die Augen zu und deshalb beschließe ich, alleine nach Hause zu gehen.

Sie haben echt immer noch keine Ahnung, worum es sich bei diesen drei Beispielen handeln könnte?

Na, dann verrate ich es Ihnen.

Es handelt sich um das Ehegattensplitting.

Sehen sie, anhand einiger aus dem Leben gegriffener Beispiele versteht man selbst sehr schwierige Begriffe des Steuerrechts im Handumdrehen. Übrigens praktizieren mein Mann und ich das oben beschriebene Ehegattensplitting regelmäßig seit vielen Jahren. Warum allerdings unser zuständiges Finanzamt Interesse dafür zeigt, ob mein Mann mit seinen Freunden nachts um zwei noch ein weiteres Bier trinkt, während ich schon mal nach Hause gehe, bleibt mir ein Rätsel.

Obwohl, so eine ganz leise Vermutung habe ich schon: Vielleicht soll mein Mann künftig Vergnügungssteuer bezahlen, sobald ich nachts das Vereinslokal verlasse und mich auf dem Weg nach Hause mache. Und im Gegenzug dazu erhalte ich wahrscheinlich immer am Sonntag die Herdprämie, wenn er beim Frühschoppen ist und ich zu Hause das Mittagessen zubereite. Womit gleichzeitig auch die Begriffe Vergnügungssteuer und Herdprämie geklärt wären. Ist doch alles nicht so schwierig, oder?

Und morgen, morgen mache ich mich an die Steuererklärung für letztes Jahr.

DIE SCHWARZÄUGIGE SUSANNE

Mein Mann und ich sind im Garten.

„Wie heißt denn eigentlich die hübsche Blume, die du da gerade pflanzt?"

„Das ist eine ‚Schwarzäugige Susanne'."

„Ach, die wurde bestimmt nach der Ehefrau von einem Züchter benannt."

„Nein, glaub ich nicht."

„Was glaubst du denn?"

„Ich glaube, dass das eher der Name der Geliebten des Blumenzüchters war."

„Und warum?"

„Pflanzen, die nach der Ehefrau benannt werden, heißen anders."

„Die heißen anders?"

„Anders jedenfalls als ‚Schwarzäugige Susanne'."

„Na, wie denn dann zum Beispiel?"

„Na, beispielsweise ‚Gute Luise' oder ‚Fleißiges Lieschen'!"

Mein Mann nickt, als würde ihm diese Erklärung einleuchten. Dann legt er den Unkrautstecher in den Eimer neben mir, weist mit seinem Kinn auf die silbergrauen Haarsträhnen, welche sich auf meinem Kopf mehr und mehr in den Vordergrund schieben und meint dann: „Ich weiß nicht, wie es dir geht, aber ich habe irgendwie Hunger. Was meinst du, meine ‚Gute Graue', wollen wir hier im Garten nicht Schluss machen und zu Abend essen?"

DIE STAADE ZEIT

In der Vorweihnachtszeit liegen bei uns die Streichhölzer grundsätzlich rechts neben dem Adventskranz. Das ist wirklich eine tolle Sache, die man nicht hoch genug einschätzt, wenn alles seinen gewohnten Gang geht. Vorsichtig zünde ich eine Kerze an, doch leider erhellt die kleine Flamme unsere Küche nur dürftig. Ach, denke ich mir, übermorgen ist sowieso bereits der zweite Advent, da kann man bestimmt ausnahmsweise schon heute eine weitere Kerze anzünden. Ja, jetzt, das ist doch wirklich viel besser. Ruhig flackert der Schein der beiden Flammen hin und her und malt bewegte Schatten an die Wand.

Alles ist ruhig in der Wohnung. Kein Fernseher, kein Radio. Und sämtliche Lichter sind aus. Bis auf meine beiden Kerzen. Richtig heimelig. So wie ich es mag. So wie ich es schon seit Jahren nicht mehr hinbekommen habe. So wie es oftmals war, als ich vor vielen Jahren Oma und Opa an Weihnachten besuchte. Aber das ist wirklich schon eine Weile her, eine Erinnerung aus Kindertagen. Ich lehne mich auf der Küchenbank zurück und denke an eine Tasse Punsch mit ein paar Plätzchen. In diesem Moment kommen mein Sohn und mein Mann zur Tür herein. Die Beiden machen betretene Gesichter, setzen sich zu mir und gestehen, dass sie den Fehler nicht ausfindig machen konnten. Nichts zu machen. Und so sitzen wir eine Weile als Familie ganz still im Schein der ruhig flackernden Kerzen des Adventskranzes. Nach ein paar Minuten erscheint meinem fast erwachsenen Sohn die Situation doch etwas seltsam, er bleibt aber hingelümmelt auf der Bank liegen. Für den Moment zumindest.

Ich erhebe mich leise und schaue aus dem Fenster. Dicke Flocken fallen wie Megaperls vom Himmel. Mein Blick wandert zur Straßenbeleuchtung. Der Laternenmast schräg vor unserem Haus ist nicht mehr zu sehen. Es hat den Anschein, als hätte seine Lampe den Dienst eingestellt. Aber sicher bin ich mir nicht, denn das dichte Schneetreiben lässt nur Vermutungen zu. Dunkelheit. Lediglich fein durchschimmerndes Mondlicht verbreitet einen vagen Hauch von Licht. Ich drehe mich um, bin mit ein paar unsicheren Schritten beim Teller mit Plätzchen, den unsere Oma heute Nachmittag vorbeigebracht hat und stelle ihn neben die Kerzen. „Eigentlich richtig schön", meint mein Mann und greift nach einem Schokolebkuchen. „Jetzt noch eine Tasse Glühwein und unser Sohn, der auf der Gitarre ein paar Weihnachtslieder spielt, dann wäre das Glück komplett." Eben dieser Sohn holt jetzt kommentarlos seinen Laptop vom Fensterbrett, lässt ihn aber zugeklappt und setzt sich wieder zu uns an den Küchentisch. Wie magisch vom Kerzenschein angezogen. Oder vielleicht doch von der Familienidylle. Ich frage ihn lieber nicht nach seinen genauen Beweggründen. Sonst könnte es durchaus sein, dass er sich kurzerhand Laptop und Adventskranz schnappt, ins Wohnzimmer verschwindet und seine Eltern einfach in der Finsternis zurücklässt.

Ich für meinen Teil genieße auf jeden Fall die unverhoffte staade Zeit. Wenn es kein so großer Umstand wäre und die schöne Stimmung kaputtmachen würde, hätte ich jetzt gerne eine Kassette mit Adventsliedern eingelegt. Und mich ein bisschen Lebkuchen kauend an meinen Mann hingedrückt. So bleibe ich aber einfach still sitzen. Bis ich mich daran erinnere, dass in der Thermoskanne noch heißer Tee vom Nachmittag sein müsste und ich trotzdem aufstehe, um schnell ein paar Tassen zu holen. So, jetzt haben wir alles, was man so braucht: Kerzenschein, Plätzchen, Tee, Zufriedenheit, Ruhe, Familienglück. Mein Mann und ich unterhalten uns über Gott und die Welt. Auch unser Sohn wirft ab und zu eine Bemerkung ein und schnappt sich dazwischen immer wieder ein Plätzchen.

Ach ja, die schöne staade Zeit.

Doch von einem Moment auf den anderen wird es gleißend hell in der Küche, die Aquariumpumpe springt laut gurgelnd wieder an, der Kühlschrank beginnt zu brummen und aus der angelehnten Tür zum Wohnzimmer hört man durchdringend die Filmmelodie der Simpsons. Mein Sohn erhebt sich, tippt auf seinem Handy herum und verschwindet wortlos. Auch mein Mann sieht keinen Grund mehr, weiterhin vor den Kerzen zu sitzen, klopft sich die Lebkuchenkrümel von seiner Hose und verlässt die Küche, weil er, wie er sagt, schnell nach dem Sicherungskasten im Flur sehen will. Der Stromausfall sei zwar vorbei, aber für alle Fälle sollte man alles durchchecken. Könnte ja sein, dass der Orkan später erneut zuschlägt und die Stromversorgung des Dorfes wieder unterbricht.

Also wirklich. Alleingelassen sitze ich wie hypnotisiert vor den flackernden Kerzen in der Küche. Der Orkan „Xaver" hat Deutschland mit voller Wucht getroffen und das Leben lahmgelegt. Er löste Unwetterwarnungen aus und die Meteorologen erwarteten einen stürmischen Wintereinbruch mit starken Schneeverwehungen. Alle beschweren sich über ihn. Alle, bis auf mich. Ich lasse nichts auf Xaver kommen.

Er hat nämlich Großes geleistet und unserer Familie heute zumindest für eine halbe Stunde die staade Zeit zurückgebracht.

KIRSCHMARMELADE

Unsere ganze Familie besteht aus begeisterten Kirschmarmeladenessern. Leider besitzen wir aber selber nur einen winzigen handtuchgroßen Garten, in dem kein Platz für ausladende Obstbäume ist. Deswegen sind wir wohl oder übel gezwungen, unsere Marmelade zu kaufen. Aber Gott sei Dank gibt es in unserer Nähe eine Firma, die ganz hervorragende Kirschkonfitüre herstellt. Ich kaufe seit Jahren immer nur diese eine – und wir sind wirklich glücklich damit.

Heute nun befinde ich mich in der kleinen Fabrik, um an einer Führung teilzunehmen. Als mündige Bürgerin interessiere ich mich natürlich dafür, was ich so kaufe und esse. Die Besuchergruppe, der ich zugeteilt wurde, wird mit Kopfhauben und Ganzkörperanzügen von Abteilung zu Abteilung geschleust. Wir schieben uns durch die Gänge und machen hin und wieder an den riesigen Maschinen halt, in denen Massen an Marmelade bearbeitet werden.

Ich bin etwas enttäuscht, weil diese Werkshalle von ferngesteuerten Robotern beherrscht wird und ansonsten nahezu menschenleer ist. Weltfremd, wie ich manchmal bin, habe ich mir vorgestellt, dass die Abbildung, die sich auf den Marmeladengläsern der Firma befindet, etwas mit der Realität zu tun hat. Da ist nämlich eine Oma zu sehen, die liebevoll mit ihrem Kochlöffel in einem großen Topf rührt und sich lächelnd für nur allerbeste Qualität verbürgt. So sehr ich meine Augen auch wandern lasse, besagte Oma bleibt unauffindbar.

Auch von den abgebildeten dunkelroten Kirschen habe ich bisher noch kein einziges Exemplar zu sehen bekommen. Die erste Station der Führung beginnt nämlich nicht bei der Anlieferung der Kirschen, sondern erst an der Stelle, an der die Früchte bereits zu einem dampfenden Brei verarbeitet sind, welcher dann von Maschine zu Maschine weiter-

72

gereicht wird. Ich bin etwas frustriert. Zu gerne hätte ich gesehen, wie die Kirschen aus dem Lkw rollen, gesäubert, entsteint und dann zerquetscht werden. Na dann eben nicht. Ich versuche, den Kirschbrei etwas näher in Augenschein zu nehmen, habe ich doch erst letzte Woche eine Meldung gelesen, wonach es sich bei Kirschen in Yoghurt oft nur um eingefärbte Holzfasern mit künstlichem Kirscharoma handelt. Aber gerade in dem Moment, als ich meinen Finger in den Kirschbrei tunken will, um einen Geschmackstest durchzuführen, werde ich von der Leiterin ziemlich schroff genötigt weiterzugehen, um wieder Anschluss an meine Gruppe zu finden. Gezwungenermaßen beschleunige ich also meine Schritte und schließe auf.

Warum bin ich nur plötzlich so misstrauisch? Bloß weil ich die Oma mit dem Kochlöffel nicht finden kann und weil ich nicht zu den Lkws darf, die die frischen, prallen, dunkelroten Kirschen anliefern? Im Grunde meines Herzens bin ich mir ja ziemlich sicher, dass hier alles in Ordnung ist und dass in dieser hochwertigen Markenmarmelade richtige sonnengereifte Kirschen verarbeitet werden. Es gibt ja sogar einen Beweis dafür, finden wir doch praktisch in jedem Glas immer mindestens einen Kirschkern. Diese Tatsache beruhigt mich wieder etwas.

Leider habe ich aber durch meine Trödelei schon wieder den Anschluss zur Gruppe verloren. In einiger Entfernung bemerke ich, wie sich die Gruppenleiterin verabschiedet und mit einer Geste den Teilnehmern die Richtung zum Ausgang weist. Sie selbst verschwindet schnell durch eine Seitentür, weil bestimmt bereits die nächsten Besucher im Eingangsbereich warten. Ich sehe gerade noch, wie das letzte Gruppenmitglied durch den Ausgang verschwindet und so haste ich mit eiligen Schritten hinterher.

Doch plötzlich erblicke ich im Augenwinkel ganz hinten in der Ecke einen alten Mann, der so gar nicht zur modernen Maschinerie der Kirschfabrik zu passen scheint. Er trägt eine selbstgestrickte Jacke, eine alte Hose aus blauem Tuch und Gummistiefel. Leicht gebückt steht er an einem Förderband, auf dem die fertig gefüllten Marmeladengläser vorbeitransportiert werden, bevor sie im letzten Arbeitsschritt verdeckelt und etikettiert werden. Ich habe bereits die Klinke der Ausgangstür in der Hand, als ich mich doch nochmals umdrehe, auf ihn zugehe, und ihn frage, was denn hier in dieser großen Fabrik seine Aufgabe sei. Worauf er mich argwöhnisch fragt, ob ich wohl von der Presse bin. „Nein, nein", beschwichtige ich ihn. „Ich bin nur eine ganz normale, besorgte Hausfrau und Mutter." Als Antwort nuschelt er etwas, das ich aber nicht verstehe. Da außer uns beiden niemand zu sehen ist, und ich auch nicht genötigt werde, mich sofort zum Ausgang zu begeben, hake ich nochmals nach. Nachdem er sich versichert hat, dass wirklich niemand von der Belegschaft in der Nähe ist erzählt er mir, dass er in dieser Firma für die „Abteilung Kirschkernlogistik" zuständig sei. Ich muss lachen. Auf diesem Gebiet, so entgegne ich ihm dann, müsse er schon noch etwas Optimierungsarbeit leisten, denn, so füge ich hinzu, meine Familie würde praktisch in jedem Glas Kirschmarmelade mindestens ein bis zwei Kirschsteine finden. „Wenn das so ist", lächelt er und nickt dabei zufrieden, „dann ist das nur der Beweis dafür, dass ich meine Arbeit sehr gut im Griff habe." Ich verstehe nicht ganz und das bemerkt er auch sofort. Nochmals blickte er misstrauisch über seine und meine Schultern und flüstert mit einem verschwörerischem Zwinkern: „Großes Geheimnis!" In diesem Moment bekomme ich dunkle Vorahnungen und frage mich, ob ich wirklich wissen will, was er mir gleich sagen wird. Noch während ich mit mir ringe, platzt das Geheimnis ungebremst aus dem alten Mann heraus. Es wird ihm wohl schon seit längerer Zeit schwer auf der Seele gelegen haben und so verschafft er sich jetzt endlich Erleichterung für sein Gewissen. „Ich bin hier", so erzählt er, „für die Bestückung der Marmeladengläser mit Kirschkernen verantwortlich. In jedes Glas soll ich ein bis zwei Stück davon fallen lassen. Verstehen Sie?" Über meinem Kopf erscheinen drei Fragezeichen. „Na, wissen Sie", meint er erklärend. „Die Firma hier hatte vor zwei Jahren einen extremen Einbruch der Verkaufszahlen als es diesen Lebensmittelskandal gab. In den Zeitungen wurde ständig darüber berichtet, dass industriell hergestellte Marmelade oft nicht mehr auf Basis von herkömmlichen Früchten produziert wird, sondern die verantwortlichen Lebensmittellabors gehäckselte, eingefärbte, verkochte und gezuckerte Holzfasern benutzen. Und dann hatte der Vorstand dieser Firma die geniale Idee mit den Kirschkernen."

Ich frage mich im Stillen, ob man vielleicht deswegen nichts von der Anlieferung der Kirschen sieht. Weil nämlich gar keine frischen Kirschen per Kühl-Lkw herbeigeschafft werden, sondern nur Holzlaster ihre Fracht abladen. Möglich ist alles. „Und", frage ich dann doch etwas irritiert, „woher stammen denn diese Kirschkerne, die Sie in die Gläser füllen?" Da lächelt er mir beruhigend zu und erklärt, dass er zu Hause einige große Bio-Streuobstwiesen habe mit alten Kirschbäumen. „Und", so fügt er erklärend hinzu, „die Kirschen werden zu Schnaps verarbeitet, die dazugehörigen Kerne sind dabei ein Abfallprodukt und finden jetzt noch eine gute Verwendung, weil sie in den Marmeladengläsern dieser Fabrik landen." Na ja, denke ich mir, immerhin sind die Kirschkerne ja echt. So schlecht ist die Welt also doch nicht.

Ich will gerade endgültig verschwinden, als ich mich nochmals umdrehe. Ich räuspere mich und wende argwöhnisch ein, dass es so große Streuobstwiesen mit so vielen Kirschkernen gar nicht geben würde, um diese Riesenkirschmarmeladenfabrik rund um die Uhr ein ganzes Jahr lang zu versorgen. Worauf er mit einer beruhigenden Handbewegung erwidert, dass die Kirschkerne auf jeden Fall für mindestens vier Monate ausreichen würden.

Ich weiß, dass ich jetzt einfach gehen sollte. Doch beharrlich wiederholt meine innere Stimme, dass ein Jahr zwölf Monate hat und nicht nur vier. „Und", so frage ich den alten Mann ganz leise, wobei ich auch schon misstrauisch nach links und rechts schaue und ebenfalls angefangen habe zu flüstern, „und, was machen Sie dann während der restlichen Monate. Irgendwo müssen Sie doch billig an Kirschkerne kommen". „Ach, wissen Sie", sagt er, während er die neben ihm montierte Überwachungskamera in Richtung Ausgangsschild dreht und das neben ihm stehende Radio auf volle Lautstärke stellt. „Dieses Problem ist schon gelöst." An dieser Stelle fragt er mich erneut, ob ich wirklich bloß eine besorgte Hausfrau und Mutter sei und nicht doch von der Presse bin. „Nein, nein", beschwichtige ich ihn. „Ich bin nur eine einfache Verbraucherin, nichts Besorgniserregendes." Und da räuspert er sich und vertraut mir ein weiteres Geheimnis an. Wenn also die Kirschkerne seiner Streuobstwiesen aufgebraucht sind, so ungefähr Anfang Mai, flüstert er mir zu, habe er da einen Schwager, der Besitzer einer kleinen Kunststofffabrik sei, die aber schon seit einiger Zeit schlecht laufen würde. Und eben dieser Schwager, der im Übrigen ein wirklicher Lebenskünstler sei, würde mit ein paar Zusatzstoffen, deren Verwendung inzwischen zwar EU-weit verboten sind, aber von denen er glücklicherweise noch ein paar Tonnen auf Lager hat, wirklich täuschend ähnlich aussehende Kirschkerne produzieren.

Ich bin jetzt endgültig bedient und will auf keinen Fall mehr in weitere Geheimnisse eingeweiht werden. Das Glas Kirschmarmelade, welches jeder Besucher bei Beginn der Führung geschenkt bekommt, und das ich in der letzten halben Stunde immer krampfhafter mit meinen Händen umfasst halte, stelle ich auf das Förderband. Dann mache ich auf dem Absatz kehrt und verschwinde endgültig durch die Ausgangstür.

Das alles war gestern. Heute stehe ich in der Küche und blättere im Gärtner-Pötschke-Katalog. Meinen Vorrat an Gläsern mit Kirschmarmelade habe ich bereits im Restmüll entsorgt. Dafür lese ich gerade sehr interessiert die Beschreibung von Minikirschbäumen und Säulenkirschbäumen, die bereits im zweiten Jahr massenhaft tragen sollen und meine künftigen Marmeladengläser mit real existierenden Früchten füllen werden. Ich bestelle zehn Kirschbäume und bei dieser Gelegenheit auch gleich noch zweihundert Marmeladengläser. Für alle Fälle.

CLIQUENTREFFEN

Natürlich sind wir wieder zu spät dran. Drei Uhr war vereinbart, aber als wir eintreffen, ist es schon viertel vier. Wobei es heute ja nicht so wichtig ist, pünktlich zu sein. Wir treffen uns mit Freunden auf einen Kaffee und ein Stück Kuchen in der hiesigen Konditorei und unterhalten uns ein bisschen. Auf jeden Fall sind schon alle da, als wir zur Gruppe stoßen. Schnell geben wir bei der Bedienung die Bestellung auf und machen es uns dann bequem.

Ich lasse den Blick in die Runde schweifen und muss lächeln. Seit ewigen Zeiten treffen wir uns hier so zwei- bis dreimal pro Jahr und genießen ein paar Stunden miteinander. Früher hatten wir natürlich auch noch unsere Kinder dabei, doch die befinden sich zwischenzeitlich in einem Alter, in dem sie andere Interessen haben. Wie schnell doch die Zeit vergeht. Einfach brutal.

Ich bin fast am Ende der Musterungsrunde angekommen, als ich stutze und mein Blick am Josef hängen bleibt. Was ist denn mit dem passiert? Irgendwie macht er einen ungepflegten Eindruck. Um nicht zu sagen heruntergekommen. Ich zwinge mich, meine Augen weiter wandern zu lassen und nehme einen Schluck Kaffee. Dann starre ich aber wieder unverhohlen zu ihm hinüber. Echt verwildert, ja man könnte fast sagen verwahrlost. Habe ich ihn nicht noch vor einigen Monaten beim Bäcker getroffen und sah er da nicht ganz normal aus? Klar doch, ich erinnere mich ganz genau. Wir hatten uns über sein frischgeborenes Enkelkind unterhalten.

Und jetzt? Richtig verlottert und abgewirtschaftet. Ich beginne unkontrolliert den Kopf zu schütteln. Wie ist eine solch krasse Veränderung in nur so kurzer Zeit möglich? Vielleicht hat sich seine Frau von ihm getrennt, und er wurde dadurch aus der Bahn geworfen, fange ich an zu sinnieren. Nein, das kann nicht sein, denn neben ihm sitzt besagte Frau und isst gerade ein Stück Torte. Gepflegt und gut gelaunt wie immer. Irgendwie muss ich mit diesem unkontrollierten Kopfschütteln aufhören. Zumal ich anscheinend die einzige bin, der diese Verwandlung dermaßen ins Auge sticht und die mit wackelndem Kopf am Tisch sitzt.

Ich zwinge mich, meinen Blick dem Kuchen zuzuwenden und steche mit der Gabel ein Stück davon ab. Das Kopfschütteln habe ich zwischenzeitlich eingestellt – dafür ertappe ich mich, wie ich jetzt stattdessen den Josef mit offenem Mund anstarre. Was irgendwie auch nicht viel besser ist. Die günstige Gelegenheit nutzend, schiebe ich in besagten offenen Mund ein Stück Torte hinein. Dann blicke ich mich neugierig um. Echt seltsam, dass niemandem sonst die Verwandlung auffällt. Na, vielleicht traut sich einfach keiner etwas zu sagen. Aber das sticht doch ins Auge. Er wirkt vergammelt und entwurzelt. Der ungepflegte Bart. Vier Monate Wildwuchs. Und dann diese Haare. Nicht fettig und schmutzig. Einfach nur abgeranzt.

Wo doch der Josef immer so korrekt war. Unglaublich. Ich merke, dass ich schon wieder hinüberstarre und dieses Mal mit offenem Mund ungläubig den Kopf schüttle. Wie kann ihn seine Frau nur so herumlaufen lassen. Wenn ihm schon nicht mehr an seinem Äußeren liegt, so sollte seine Frau doch darauf bestehen, dass er zumindest hin und wieder zum Friseur geht. Heruntergekommen, vernachlässigt, abgerissen. Wobei andererseits seine Kleidung seltsamerweise ganz normal wirkt. Sogar sehr sauber und gepflegt. Nichts daran auszusetzen. Wenn nur diese Haare und der Bart nicht wären. Die erinnern mich irgendwie stark an einen Obdachlosen, der unter der Brücke schläft.

Der Kuchen ist inzwischen alle und so gieße ich in meinen offen stehenden Mund den letzten Schluck Kaffee aus der Tasse. Dann werde ich aber Gott sei Dank von meiner

Nachbarin abrupt aus meinen Gedanken gerissen. Sie fragt mich, ob ich nicht auch Lust hätte, bei den diesjährigen Kemnather Passionsspielen in der Karwoche mitzumachen. Der Josef spiele, wie ich bestimmt schon mitbekommen habe, den Judas, aber es würden noch händeringend Volksdarsteller gesucht.

Ich schließe den Mund, stelle das Kopfschütteln ein und sammle mich kurz. Nein, nein, erwidere ich ihr, für die Schauspielerei habe ich leider überhaupt kein Talent. Aber den Josef, ja, den hätte ich gerade schon die ganze Zeit über bewundert mit seinen langen Haaren und dem wilden Bartwuchs, echt beeindruckend. Und ja, ich hätte schon gedacht, dass er bei den Passionsspielen mitmacht und deswegen so ..., und hier komme ich leicht ins Stottern, weil mir auf Anhieb nur die Worte ungepflegt, abgeranzt, abgerissen, verlottert und vernachlässigt in den Sinn kommen. Aber dann fällt mir doch noch etwas Passendes ein. Und ich fahre fort, ja, also, ich hätte mir auch wirklich sofort, als ich ihn gesehen habe, gedacht, dass der Josef bei den diesjährigen Passionsspielen mitmacht und deswegen so – verändert – aussieht. Ja, genau, verändert.

So, und jetzt bestelle ich mir auf der Stelle ein zweites ein Stück Torte. Denn ich kann mich absolut nicht erinnern, wie das erste Stück geschmeckt hat. Muss irgendwie am Judas gelegen haben.

HERBERGSSUCHE

Ich sitze in der Mitte der vierten Reihe. Auf der linken Seite von vorne gesehen. Noch fünf Minuten und die Christmette beginnt. Die Kirche ist gerammelt voll. Die Bank, in der ich sitze, auch. Ich betrachte den Weihnachtsschmuck. Schöner Baum. Wie jedes Jahr. Bekommen sie wirklich immer toll hin. Praktisch direkt vor mir steht die Krippe. Seit ewigen Zeiten immer der gleiche Stall, die gleichen Figuren, die gleiche Aufstellung. Maria und Josef auf Herbergssuche. Es ist schön, dass es im Leben auch Sachen gibt, die sich nicht ändern, die immer gleich bleiben. Ich denke an früher, an meine Kindheit, an die vielen Sonntage, an denen ich hier schon mit meinen Eltern und Geschwistern den Gottesdienst besucht habe und werde ein bisschen wehmütig.

Da bemerke ich, dass sich im Mittelgang von hinten eine etwas rundliche Frau langsam nach vorne schiebt und neben der Bank, in der ich mich befinde, zum Stehen kommt. Sie schlägt das Kreuzzeichen, macht eine Kniebeuge, wirft einen kurzen prüfenden Blick in unsere Reihe und bleibt wie angewurzelt stehen. Ganz offensichtlich ist sie auf der Suche.

„Na", denke ich mir. „Da wird die gute Frau jetzt wohl eine Stunde stehen bleiben müssen. Unsere Bank ist ja bereits voll besetzt mit fünf Personen. Sie müsste eigentlich selber sehen, dass hier kein Platz mehr frei ist." Ein bisschen verwundert stelle ich jedoch fest, dass in den beiden Reihen vor mir jeweils sechs erwachsene Personen einen Sitzplatz gefunden haben. Wie kann das denn sein. Ich habe den Eindruck, dass ich dieses mathematische Rätsel heute nicht mehr lösen werde und blicke wieder zur Krippe. Zu Maria und Josef. Und zum armen Jesuskindlein.

„Also nein", denkt der ältere Herr, der nun ebenfalls die in einen dicken Wintermantel gehüllte Gestalt im Mittelgang sieht. Er sitzt am linken Rand meiner Reihe und besucht einmal jährlich den Gottesdienst und zwar immer, wenn Christmette ist. „Ich für meinen Teil möchte auf keinen Fall enger zusammenrücken. Noch eine zusätzliche Person in unserer Bank und es wird unbequem, und ich kann den Gottesdienst und das Krippenspiel mit der Herbergssuche definitiv nicht mehr genießen."

Direkt neben mir kniet eine grauhaarige Gottesdienstbesucherin, die das Gebetbuch vor sich aufgeschlagen hat und konzentriert liest. Ihre innere Andacht hält sie so gefangen, dass sie nicht zu registrieren scheint, was um sie herum geschieht. Nämlich, dass hier jemand auf der Suche ist.

„Mein Gott", denkt die Frau, die auf meiner anderen Seite sitzt und nun ebenfalls die Gestalt am Rande unserer Bank wahrgenommen hat. „Das kommt davon, wenn man erst fünf Minuten vor Beginn der Andacht in die Kirche kommt. Noch dazu an Weihnachten, wo doch jeder weiß, dass von den Kommunionkindern die Herbergssuche nachgespielt wird. Klar, dass an einem solchen Festtag alles überfüllt ist. Na selber schuld, würde ich sagen."

„Also ich", denkt sich schließlich der junge Mann, der ganz rechts außen sitzt, und welcher nur ein paar Minuten früher als die Frau, die im Mittelgang steht, in die Kirche gekommen ist, „ich werde keinesfalls rücken." Er hat sich nämlich diebisch gefreut, als er quasi in letzter Minute einen Platz ergattert hat. Den Besten übrigens in unserer Reihe. Mit sehr guter Aussicht. Und da sitzt er jetzt wie angenagelt und blickt starr nach vorne. Aber es stört ihn schon gewaltig, dass die ältere Frau genau neben ihm stehen geblieben ist und sich keinen Schritt weiter bewegen will. „Na hoffentlich kann ich das Krippenspiel trotzdem in Ruhe verfolgen und sie versperrt mir nicht die Aussicht."

Um aber seinen guten Willen zu beweisen, es ist ja immerhin Weihnachten, erhebt er sich, etwas nach vorne gebeugt, fast unmerklich von seinem Platz, bewegt sich leicht, ganz leicht seitwärts, schaut auffordernd zu seinen anderen Banknachbarn nach links und rückt halbherzig zehn Zentimeter nach innen. Wie um zu sagen, sehen Sie, ich gebe mein Bestes, aber diese zwei Handbreit, die jetzt frei geworden sind, werden Ihnen auch nicht weiterhelfen. Sie bräuchten bestimmt einen halben Meter. Oder noch mehr. Doch irgendwie scheint es, als hätte der Mann mit seiner Rückbewegung ungewollt die ganze Reihe angesteckt. Die Frau, die neben ihm sitzt, fängt jetzt nämlich auch an sich zu bewegen, etwas nach innen zu rücken und das Ganze setzt sich fort durch die Bank wie eine La-Ola-Welle. Die Prozedur dauert keine halbe Minute und schnell ist mit einem Schlag am Rand der Reihe eine Lücke entstanden, in die bequem ein Kirchgänger passt. Sogar ein etwas rundlicher mit dickem Wintermantel. Die stehende Frau jedenfalls nickt dankbar in unsere Richtung und schlüpft auf den frei gewordenen Platz.

Und plötzlich, ganz plötzlich sitzen wir zu sechst in unserer Reihe. Zugegebenermaßen eine kleine Spur enger als vorher, aber nicht wirklich beengt.

Das war sie dann wohl, denke ich mir, die diesjährige Herbergssuche.

RESIS GEBURTSTAG

Ich bin zum Geburtstag bei unserer Nachbarin eingeladen, die heute sechsundsiebzig geworden ist. Gegen Abend soll ich doch mal bei ihr vorbeischauen, hat sie gemeint. Und so schlendere ich um sechs Uhr hinüber. Mit einer Geranie und einem Glas Honig von meinen Bienen. Ich klingle und während ich an der Tür warte, ertönt von drinnen schon das Gelächter der Gäste. Resi öffnet die Tür. Gerötete Wangen, ein Messer in der Hand: Ich habe sie wohl gerade in der Küche gestört. „Komm doch rein und geh' gleich durch ins Wohnzimmer. Da sitzen schon lauter Bekannte von dir!" Ich überreiche die Geschenke, wünsche ihr alles, alles Gute zum Geburtstag und drücke sie. Dann hänge ich meine Jacke an die Garderobe und folge dem Stimmenwirrwarr. Resi biegt mit ihrem Messer hinter mir in die Küche ab.

Ich setze mich und werde von allen Seiten begrüßt. Das Geburtstagskind schaut kurz zur Tür herein und fragt mich, was ich trinken will. Sie bringt mir gleich eine Apfelschorle, stellt sie auf den Tisch und will sich gerade zu uns setzen, als das Telefon klingelt. Schnell eilt Resi in den Flur und schließt hinter sich die Tür, weil sie uns keinesfalls stören will.

Ich klinke mich in das Gespräch der Runde ein und werde über den letzten Finanzskandal im Ministerium informiert. Nach einer Ewigkeit erscheint Resi wieder. Sie stellt sich hinter meinen Stuhl, lächelt angestrengt in die Runde, schaut auf die Uhr, sagt etwas von Abendessen und verschwindet wieder. Sie bringt einen Stapel Teller, den wir am Tisch verteilen und stellt einen Topf Zigeunergulasch sowie einen Korb mit Semmeln in die Mitte. Resi ist gerade dabei, Platz zu nehmen, als es an der Tür klingelt. Jemand gibt ein Geschenk für sie ab, will aber auf keinen Fall in die gute Stube kommen. Weil man nämlich etwas in Eile ist. Aber gegen einen ausgedehnten Plausch mit dem Geburtstagskind an der zugigen Haustür spricht anscheinend nichts.

Am Esszimmertisch diskutieren wir jetzt über die Ukraine und über Klitschko. Als Resi nach fast einer halben Stunde wiederkommt, sind wir schon mit dem Essen fertig und haben unsere Teller bereits in die Spülmaschine verfrachtet. „Ach", sagt die Resi, kaum dass sie sich auf einen Stuhl niedergelassen hat, „ich bringe heute sowieso keinen Bissen runter." Mit diesen Worten legt sie ihren Löffel zurück auf den Tisch und fügt erklärend hinzu: „Die Aufregung, wisst ihr... in meinem Alter geht das ja gleich auf den Magen." Beim Wort „Magen" springt sie abrupt auf und läuft Richtung Küche. Nicht ohne uns im Hinausgehen zuzurufen, dass sie ja ihre Medizin jeden Tag exakt zur gleichen Zeit nehmen muss und dass das ganz wichtig sei. Damit ist sie auch schon wieder verschwunden.

Jetzt beginnen wir, über die Diätenerhöhung der Bundestagsabgeordneten zu wettern. Zu diesem Thema weiß jeder etwas. Resi öffnet kurze Zeit später die Tür und lädt auf dem Tisch Schnapsgläser und einige Flaschen mit alkoholischem Inhalt ab. Als das Tablett leer ist, klingelt das Telefon erneut. „Bedient euch schon mal!", ruft sie uns zu, „bin gleich wieder da!", und mit diesen Worten läuft sie zielstrebig Richtung Flur. Erneut sind wir uns selbst überlassen und schenken schon mal die Gläser voll. Ein paar Anstandsminuten warten wir, aber als sie dann immer noch an der Strippe hängt, trinken wir probehalber ohne sie. Und stimmen „Zum Geburtstag viel Glück" an. Wir sind uns schnell einig, dass der Klang des Liedes auf jeden Fall einer Optimierung bedarf. Wir trinken also notgedrungen einen weiteren Likör, um die eingerosteten Stimmen zu ölen und probieren es erneut. Ja, das klingt schon erheblich besser.

Und weil die Jubilarin immer noch nicht erscheinen will, wird nun das nächste Diskussionsthema angeschnitten, nämlich die bevorstehende Steuererhöhung. Als wir damit auch durch sind, kommt die Resi endlich wieder zur Tür herein und stützt sich erschöpft auf die Lehne eines leeren Stuhles. „Ein Narrenhaus", meint sie kopfschüttelnd und leicht angeschlagen. Womit sie hoffentlich nicht uns gemeint hat. Unbeirrt heben wir die Gläser, singen inzwischen zum dritten Mal unsere Glückwünsche heraus, stoßen mit ihr an und stellen erschrocken fest, dass es ja bereits neun Uhr abends ist. Höchste Zeit für uns alle, nach Hause zu gehen. „Was schon?", sagt da die Resi ganz matt. Aber in ihren Worten liegt nicht mehr viel Widerspruchsgeist und man kennt ihr schon deutlich an, dass sie über unseren bevorstehenden Aufbruch auch ein kleines bisschen erleichtert ist. Also wünschen wir ihr noch einen schönen restlichen Geburtstag und verabschieden uns lautstark.

Gut gelaunt, satt und mit likörgeröteten Wangen gehe ich nach Hause. Mein Mann öffnet die Türe. „Na", fragt er. „Wie war's denn?" Nach der Anstrengung der letzten Stunden lasse ich mich zuerst einmal in den Wohnzimmersessel fallen. „Schön war es", sage ich. „Wirklich schön!" „Und", will er interessiert wissen. „Wie geht es denn jetzt eigentlich der Resi?" Ich zögere und blicke ihn nachdenklich an. „Wie es der Resi geht", sage ich gedehnt und überlege dabei, was ich heute Abend mit ihr geredet habe oder worüber sie so erzählt hat. „Also", beginne ich – und zucke schließlich resigniert mit den Schultern. „Du fragst mich vielleicht Sachen. Stell mir doch lieber Fragen zum Ukrainekonflikt, zur Diätenerhöhung im Bundestag, zum Finanzskandal oder zur bevorstehenden Steuererhöhung. Darüber könnte ich dir ganz ausführlich erzählen. Aber wie es der Resi geht?", ratlos schüttle ich den Kopf. „Wie es der Resi geht, das kann ich dir wirklich nicht sagen.

FAST LIEBE

D^{u.}
Du baust mich immer auf.
Wenn es mir schlecht geht, brauche ich nur an dich
zu denken, und schon geht es mir besser.
Auf dich freue ich mich das ganze Jahr.
Du bist wie ein guter Freund.
Du gibst meinem Leben Schwung: Skiurlaub in
St. Moritz, Silvester Last Minute auf die Malediven,
Erlebnis-Shoppen im Advent in New York.
Wenn ich bei meinen Freunden von dir schwärme,
beneiden sie mich.
Mit dir ist es sogar in meiner Stammkneipe noch schöner
als sonst.
Ein ganzes Jahr ohne dich kann ich mir nicht vorstellen.
Hab mich einfach so an dich gewöhnt.
Du bist wie eine schöne Sucht.
Jeder will dich haben.
Und wäre auch schon mit einem Teil von dir zufrieden.
Du bist ein Lichtblick.
Alle Jahre wieder werden mit dir Träume wahr.
Du bringst meine Augen zum Glänzen.
Du.

***

Doch heute mein Chef zu mir gesagt, dass es der Firma
nicht gut geht. – Und dass es deshalb dieses Jahr kein Weihnachtsgeld gibt.

Ach, was soll ich nur machen ohne dich?

DIAGNOSE-CHECK

Nach gerade mal fünf Minuten Warten werde ich schon aufgerufen. Ich folge der Arzthelferin und nehme im Sprechzimmer Platz. Kaum habe ich mich orientiert, öffnet sich die Zimmertür und der Arzt kommt herein. Er grüßt kurz, setzt sich und schaut sich meine Krankenakte im Computer an. Also ich weiß nicht, aber irgendwie kommt mir der Arzt bekannt vor.

Ich denke, dass es jetzt wohl am besten ist, ihn in meine Krankengeschichte einzuweihen und lege los. „Seit ungefähr vier Wochen", so sage ich, „spüre ich öfter so ein Flattern im Herzen, das mich sehr beunruhigt. Außerdem", und bei diesen Worten beginne ich schon, an meiner Hose zu zerren, „habe ich beim Laufen Schmerzen." Ich will ihm die Stelle an meiner Hüfte zeigen, die immer besonders schmerzt, doch da werde ich gebremst. Der Doktor sagt nämlich schnell und nachdrücklich „Stopp!" Dadurch bringt er mich natürlich völlig aus dem Konzept, die Bluse hängt zur Hälfte aus der Hose und ich breche mitten im Satz ab. Mein Gegenüber nutzt mein irritiertes Schweigen und fragt mich, wann ich denn überhaupt das letzte Mal bei einem Arzt gewesen sei. „Na", so muss ich zugeben, „ein paar Jahre ist das schon her." „Aha", meint er darauf nur. Er erklärt aber nichts weiter, sondern beugt sich nach links und holt ein kleines rechteckiges Kästchen aus seiner Schreibtischschublade. Ich überlege fieberhaft, woher ich den Mann kenne, doch es will mir einfach nicht einfallen. Während ich ihn weiter eingehend mustere, frage ich mich, ob er nicht einen weißen Kittel anhatte, als er vorhin ins Zimmer kam. Jetzt sitzt er mir gegenüber auf jeden Fall in einem ausgewaschenen Blaumann. Echt seltsam.

Das Gerät sieht von außen ganz harmlos aus und hat die Form eines Kinderschuhkartons. Auf der einen schmalen

Seite ragt an der unteren linken Ecke ein circa fünfzig Zentimeter langes dünnes Kabel heraus, welches am Ende mit einem Stecker versehen ist. Auf der gegenüberliegenden Seite befindet sich ebenfalls ein solches Kabel, das aber mit einer Klemme abschließt. Diese Klemme nimmt nun der Arzt vorsichtig und fixiert sie am kleinen Finger meiner rechten Hand, dann steckt er den Stecker am anderen Kabelende in die Dose. Behutsam legt er einen Hebel um, der sich auf der oberen Seite des Geräts befindet und studiert die daneben befindliche Anzeige. Mehrere Lämpchen leuchten gleichzeitig auf oder blinken sogar. Ich bin etwas beunruhigt. Doch er lässt sich nicht beirren, drückt hier, drückt dort, bringt Lämpchen zum Erlöschen, manche bleiben aus, andere leuchten gleich erneut umso intensiver wieder auf, andere ändern die Farbe, dazwischen piepst es laut, einmal ertönt wie aus der Ferne ein Martinshorn, ein andermal blitzt auf der Anzeige sogar das Wort „VORSICHT" in roter Schriftfarbe auf. Daneben meine ich das Symbol für Motor zu erkennen, zusammen mit drei Ausrufezeichen. Na ja, beschwören kann ich es nicht, denn so gut kenne ich mich mit der Bedeutung der Kontrollleuchten in meinem Auto wiederum auch nicht aus. Und wahrscheinlich habe ich mich einfach getäuscht, denn ein Mensch ist ein Mensch, und ein Auto ist und bleibt Gott sei Dank ja nur ein Auto. Beunruhigt lehne ich mich wieder zurück und warte ab.

Dann nickt der Herr Doktor, drückt abschließend noch ein paar Tasten des Geräts, nimmt mir die Klemme wieder ab und schaltet das Gerät aus. Ich reibe meinen kleinen Finger, der etwas schmerzt und rot angelaufen ist, weil die Klemme doch ziemlich eng saß. Einen Moment lang wundere ich mich, warum diese Klemme jetzt plötzlich genauso ausschaut wie die Wäscheklammern, die ich erst gestern im Supermarkt gekauft habe. Ich halte es aber für keine so gute Idee, den Arzt darauf anzusprechen, aus Angst, dass dadurch bei mir vielleicht ein noch tiefergehender Schaden festgestellt wird, der konkret das Innere meines Kopfes betrifft.

Um mich abzulenken, fixiere ich jetzt mit den Augen einen Punkt an der Wand, denn ich will weder die Wäscheklammer, noch den auffälligen Blaumann, noch das Gesicht des Arztes, das mir so ungemein bekannt vorkommt, anstarren. Dann räuspert sich der Arzt und holt ein beschriebenes Blatt Papier aus dem Drucker, das dieser soeben mit leicht klagenden Geräuschen produziert hat. Während er kurz das Geschriebene überfliegt, nickt er immer wieder bestätigend und holt dann mit seinen, wie ich jetzt erst sehe, ölverschmierten Fingern ein Papierhandtuch aus der kleinen Box, die auf dem Schreibtisch steht. Damit wischt er sich seine Hände ab, hebt das Kästchen hoch, zieht den Stecker aus der Dose und verstaut das Ganze wieder sorgfältig in seiner Schreibtischschublade. Jetzt wendet er sich mir zu.

„So", sagt er, „jetzt haben wir alles beieinander. Er lächelt mich beruhigend an. „Ich konnte nichts wirklich Schlimmes feststellen."

„Zuerst mal zu Punkt 1, Ihrem Herzflattern. Es werden hier nur ganz minimale Herzrhythmusstörungen angezeigt. Wir schalten zunächst die Faktoren Stress, Rauchen, Alkohol, Koffein und Schlafmangel aus. Dann ist die Wahrscheinlichkeit hoch, dass diese Störungen von ganz alleine verschwinden.

Nummer zwei sind die Schmerzen an Ihrer rechten Hüfte. Es handelt sich hier leider um eine beginnende Arthrose am Hüftgelenk. Sie ist verschleißbedingt und daher auch ein typisches Altersleiden.

Und dann gibt es noch eine Nummer drei, von der Sie mir gar nichts erzählt haben. Sie leiden nämlich unter Hämorrhoiden." Ich zucke zusammen und meine Gesichtsfarbe wird um drei Nuancen lebendiger. „Und auch hier kann ich Ihnen helfen und das alles braucht Ihnen gar nicht peinlich zu sein. Mit einer Kombination aus gesunder Ernährung und Bewegung können wir diesen Hämorrhoiden zu Leibe rücken, da sie sich noch im Anfangsstadium befinden."

Mit diesen Worten legt er das Blatt vor sich auf den Schreibtisch, steht auf und fängt an im Schrank, der neben der Eingangstür steht, nach etwas zu suchen. Ich nutze die Gelegenheit, werfe einen ausführlichen Blick auf die bedruckte Seite, weil ich von Natur aus neugierig bin und die Diagnose auch nochmals schwarz auf weiß sehen möchte.

Doch statt „Herzflattern" lese ich „Ungleichmäßiger Motorlauf evtl. durch aussetzenden Zylinder mit Fehlzündungen"

Anstelle Hüftarthrose finde ich die Anmerkung „Fahrgestell und Aufhängung mit leichten Abnutzungserscheinungen auf der rechten Seite" und in Klammern den erklärenden Zusatz „altes Modell/hohe km-Leistung"

Statt dem Wort Hämorrhoiden steht einfach nur „Auspuff mit leichten Fissuren und Haarrissen".

Und ganz unten auf der Seite in der Fußzeile steht in großen Buchstaben „Mobiles Fehlerauslesegerät mit integrierter Suchanalyse von defekten Komponenten".

In diesem Moment dreht sich der Arzt wieder um, ich schaue ihn durchdringend an und sage: „Sie sind kein wirklicher Arzt, oder? Sie sind eher eine Art Mechaniker, nicht wahr?" Und mit einem Mal weiß ich, wer er ist, nämlich mein Kfz-Mechaniker, bei dem ich gestern war und jetzt verstehe ich plötzlich auch, warum er mir die ganze Zeit so bekannt vorgekommen ist, warum mein Arzt einen Blaumann trägt und ölverschmierte Hände hat.

Und genau in diesem Augenblick verschwimmt plötzlich alles um mich rundherum und ich bemerke, dass ich eigentlich in meinem warmen Bett liege und gerade dabei bin aufzuwachen. Noch etwas benommen schüttle ich den Kopf, doch dann muss ich lachen. Und jetzt beginne ich auch langsam zu verstehen.

Gestern war ich nämlich mit meinem alten Auto in der Werkstatt in Weiden, weil seit einigen Tagen abwechselnd immer wieder irgendwelche Kontroll- und Warnleuchten am Armaturenbrett aufgeleuchtet haben. Heutzutage kann man ja nichts mehr selbst reparieren, sondern man muss wegen jeder Kleinigkeit in die Werkstatt zum Auslesen der Fehler mittels eines Steuergeräts. Und das alles war nur ein Traum, aber wer weiß, denke ich mir, ob ich nicht gerade eine Vision hatte und es nicht künftig auch für Menschen einfache Diagnosegeräte geben wird zum Auslesen von Krankheiten. Einen Augenblick lang komme ich mir vor wie der leibhaftige Mühlhiasl und seine Prophezeiungen.

Dann schiebe ich aber die Zudecke zurück, schwinge meine Beine aus dem Bett, strecke mich und schüttle nochmals den Kopf. Ich bleibe noch ein bisschen am Bettrand sitzen und reibe nachdenklich den kleinen Finger meiner rechten Hand, weil dieser ganz rot ist und eine Druckstelle hat. Außerdem fängt meine Hüfte wieder an zu schmerzen. Aber das beunruhigt mich jetzt nicht mehr wirklich. Wie war das nochmals? Es handelt sich bei mir um ein älteres Modell, da sind ja Schäden am Fahrgestell ganz natürlich. Oder hatte dieser freche Kerl nicht sogar ‚altes Modell' geschrieben? Egal. Jetzt würde ich mir auf jeden Fall zuerst einmal ein gutes Frühstück machen und es in aller Ruhe genießen. Am besten mit Obst, Vollkornbrot und frischem Saft. Und hinterher würde sich ein ausgedehnter Spaziergang im Wald anbieten. Das alles könnte wohl dann auch dem lästigen Herzflattern den Garaus machen. Ach, und diese ominösen Risse am Auspuff würden dann bestimmt auch von ganz alleine verschwinden.

DIE LEHRSTELLE

Als mein Sohn zur Tür hereinkommt, sage ich: „Na, wie war denn dein Tag?" „Ach, ging so", meint er und wäscht sich zuerst einmal die Hände. Vor zwei Monaten hat er seinen Lehrlingsvertrag bei einer großen Bank unterschrieben und seit letztem Montag arbeitet er nun dort. Und er ist richtig stolz darauf.

„Also, weißt du", sage ich, als er wieder zurück in die Küche kommt und einen Blick in die Töpfe, die auf dem Herd stehen, wirft. „Irgendwie ist das doch nicht in Ordnung." „Hm", antwortet darauf mein Sohn abwehrend, weil er schon weiß, was da wieder auf ihn zukommt, dann gähnt er und holt sich Teller und Besteck. Doch ich lasse mich nicht beirren, das muss ich jetzt einfach loswerden. Ich nehme noch einmal Anlauf.

„Erzähl mir jetzt nicht, dass du dich mit deiner Frisur wohlfühlst." Ich beginne die frisch gepflückten Erdbeeren zu waschen und werfe einen provozierenden Seitenblick auf seinen Pferdeschwanz. Mein Sohn ist sichtlich genervt und meint „jetzt fang doch nicht schon wieder damit an!" „Was heißt denn, fang nicht wieder damit an", entgegne ich, „schau dich doch mal an. So kannst du doch nicht herumlaufen. Als Bankangestellter. Mit diesen langen Zottelhaaren musst du doch sicher fürchterlich schwitzen und ungepflegt sieht es dazu auch noch aus." „Mama", meint er genervt, „mich stört es nicht, meine Kollegen stört es nicht, und mein Chef ist damit sowieso einverstanden. Mein Gott, hör doch endlich damit auf, diese Diskussion haben wir schon x-mal geführt."

Ich beginne, die Erdbeeren nachdrücklich mit einer Gabel zu zerquetschen. Natürlich bemerke ich, wie er die Augen verdreht, während er sich mit einem Löffel Sauerkraut nimmt. Ich kann es nicht lassen. „Willst du mit dieser

Frisur jetzt wirklich drei Jahre herumlaufen. Wenn man bei einem im Nacken gebundenen langen Pferdeschwanz überhaupt von so etwas wie Frisur sprechen kann." „Ja", begehrt er jetzt auf, obergenervt und schon etwas lautstark, während er den Löffel beiseite legt und den Deckel auf den Topf knallt, dass es nur so scheppert.

„Ja, Mama, ich werde drei Jahre lang mit diesem Pferdeschwanz in die Bank gehen, und ja, ich werde das durchhalten. Und nein, ich hätte die Lehrstelle bei der Bank nicht bekommen, wenn ich mich nicht zu diesem Deal bereit erklärt hätte. Und der Deal war, während der drei Jahre diese Frisur zu tragen." Eingeschnappt beginne ich unter die zerquetschten Erdbeeren zwei Teelöffel Zucker zu mischen. Mein Sohn hat Fahrt aufgenommen und fährt ungerührt fort. „Und Mama, keiner der anderen Bewerber war dazu bereit und keiner von ihnen hat den Vorschlag der Bank ernst genommen. Nur ich. Und ich war es schließlich auch, der dann die Lehrstelle bekommen hat."

Ich nicke ergeben. Aber das ist jetzt zu spät. Ohne Punkt und Komma fährt er fort. „Ich habe dir doch schon erklärt, dass das alles im Rahmen einer Marktanalyse stattfindet. Um auszuloten, ob man mehr Jugendliche für unsere Bank als Kunden gewinnen kann, wenn sie hinter dem Bankschalter einem Gleichaltrigen gegenüberstehen, der nicht spießig rüberkommt, der nicht mainstream ist, der praktisch auf ihrer Wellenlänge schwimmt. Und Mama, ich hatte Glück, weil außer dem Pferdeschwanz auch Piercings an der Augenbraue, in der Zunge oder in der Lippe und noch diverse Tätowierungen zur Diskussion standen. Um alles etwas authentischer wirken zu lassen. Und irgendein Spaßvogel hat zusätzlich eine Gesichtsnarbe von einer Messerstecherei vorgeschlagen. Aber diese Idee wurde dann glücklicherweise doch verworfen."

Nach diesen Worten schnappt er sich mit einer Hand die Schüssel mit den Erdbeeren, mit der anderen Hand fasst er sich oben an den Haaren, zieht mit einem routinierten Ruck die Vollhaarperücke mit dem Pferdeschwanz vom Kopf, stülpt sie der glatzköpfigen Plastikbüste über, die neben dem Aquarium steht, wuschelt mit der freien Hand seine kurzen Haare durch und verschwindet nach draußen.

DER ZOIGLFAKTOR

Wikipedia meint zum Thema „Zoigl": Der Zoigl ist ein untergäriges Bier, das vor allem in der nördlichen Oberpfalz verbreitet ist und von Privatpersonen gemeinschaftlich gebraut wird.

Seit einiger Zeit gibt es nun für eingefleischte Zoiglfans die Zoigl-App mit einem kostenlosen Online-Zoiglkalender für Smartphones. Als Orientierungshilfe sozusagen. Um anzuzeigen, wer in der Region gerade sein eigenes Bier ausschenkt. Für solche eben, die sich mit dem Zoigl noch nicht so gut auskennen und trotzdem auf Anhieb die passende Zoiglstube in den fünf Kommunbrauorten Mitterteich, Neuhaus, Windischenschenbach, Falkenberg und Eslarn finden wollen. Ich lade mir die App herunter und werfe einen Blick auf die Kriterien, die man filtern kann: traditionelle Kommunbrauer, bestimmte Orte, typische Brotzeiten, besondere Schmankerl, Öffnungszeiten etc. Das alles zusammengenommen soll also ein Maß für die Güte einer Zoiglwirtschaft sein. Für den Anfang ist das ja wirklich nicht schlecht.

Mir persönlich scheint dieses Auswahlraster jedoch etwas grob geraten. Ich habe also überlegt, welche weiteren Einflussgrößen für die Stimmung beim Zoigltrinken ausschlaggebend sind. Und es fallen mir auf Anhieb wirklich gleich einige Faktoren ein, mithilfe derer man die Stimmungsgüte in einer Zoiglwirtschaft noch ein Stück besser beurteilen kann.

Zuerst sollte man ganz einfache Dinge wie die abendliche Entwicklung der Lautstärke in der Zoiglwirtschaft, den Geldumsatz pro Besucher, die Sitzdichte der Gäste am Tisch, die Anzahl der verkauften Brotzeiten sowie die Menge des ausgeschenkten Zoigls pro Person erfassen. Das ist ziemlich einfach zu dokumentieren.

Schwieriger gestaltet sich die Sache bei folgenden Faktoren, die von hoher Wichtigkeit sind und ebenfalls unbedingt vermerkt werden sollten:

- Anzahl der spontanen Gesangseinlagen (ohne eine Qualitätsbewertung derselben)
- Promillewert pro Gast beim Verlassen der Zoiglstube (auch bekannt als Zoiglfahne)
- Verständlichkeit der Artikulation der Besucher zum Zeitpunkt der Bestellungsaufgabe einerseits und beim Abkassieren andererseits (Stichwort Zungenschlag)
- Veränderung der Gesichtsfarbe der Zoiglgenießer (gut bestimmbar mit einer RAL-Farbkarte aus dem Baumarkt)
- Beurteilung der Gangweise der Kunden beim Verlassen der Wirtschaft

Alle diese aufgeführten Kriterien müssen natürlich Abend für Abend gewissenhaft erfasst werden. Doch bekommen die so gesammelten Einzelwerte erst eine wirkliche Aussagekraft, wenn sie mit unterschiedlicher Gewichtung in die Zoiglformel eingesetzt werden. Als Ergebnis erhält man dabei am Ende den sogenannten Zoiglfaktor®, welcher aufgrund der Vielfalt an gesammelten Daten natürlich viel aussagekräftiger ist als eingangs erwähnte Zoigl-App.

Leider ist die genaue Berechnung des Zoiglfaktors trotz aller Bemühungen noch immer nicht im Detail ausgereift. Es ist mir noch teilweise unklar, wie die einzelnen Parameter in der Formel gewichtet werden müssen und es sollten deswegen unbedingt noch einige aufwändige Praxistests durchgeführt werden.

Mir fehlen allerdings die finanziellen Möglichkeiten, um dafür notwendige Versuchspersonen zu bezahlen. Erfreulicherweise stellt sich hier oft mein Mann ganz selbstlos als Produkttester zur Verfügung. Wie das abläuft? Ganz einfach. Ich weiß beispielsweise genau, dass ein direkter

Zusammenhang zwischen der Änderung der Gesichtsfarbe, der Menge an getrunkenem Zoigl und der verspeister Brotzeit besteht, doch ist dieser noch nicht richtig mit Zahlen und Daten belegt. Und mir ist auch nicht ganz klar, in welchem Verhältnis diese verschiedenen Faktoren in die Zoiglfaktor-Berechnung einfließen müssen. Daher habe ich eine Liste mit Testreihen erstellt. Um nun diese zu vervollständigen, bekommt mein Mann eine Vorgabe und ich messe, beobachte, notiere und werte anhand seiner Person das Ergebnis aus. Sage ich beispielsweise gegen Abend, dass in meiner Testreihe noch die Kombination: „4 Zoigl und 1 Brotzeitplatte mit Blut- und Leberwurst" oder auch „3 Zoigl und 1 Presssack mit Musik" fehlt, zögert er keine Sekunde. Selbstlos geht er zusammen mit mir in die nächste Zoiglwirtschaft, um die noch bestehenden Lücken in meinen Testreihen zu füllen.

„Du", sage ich zu ihm also an einem Freitagabend. „Weißt du, dass mir in meiner Liste immer noch die Ergebnisse zu „7 Zoigl ohne Brotzeit" fehlen. Als Reaktion auf meinen Vorschlag ernte ich dieses Mal nur sehr verhaltene Begeisterung. „Mensch, du verlangst vielleicht Sachen von mir", meint er ziemlich zurückhaltend, doch keine Viertelstunde später sitzen wir schon mit Freunden in der Wirtschaft.

Und weil ich bemerke, dass mir auf der Liste jetzt nur noch ein einziges Messergebnis fehlt, nämlich „3 Zoigl und 1 Platte Bauerngeräuchertes", und weil ich endlich fertig werden möchte mit der elendigen Testerei, mache ich in diesem speziellen Fall einen Selbstversuch. Ich nehme mir vor, mich selbst ganz objektiv zu beurteilen, was Gesichtsfarbe, Gangart, Zungenschlag und Zoiglfahne betrifft, nachdem ich die drei Zoigl und die Platte mit Geräuchertem intus habe. Das wird doch nicht so schwierig sein, denke ich mir.

Mein Mann schafft im Übrigen die „7 Zoigl ohne Brotzeit" in einer bemerkenswert kurzen Zeit. Anschließend verbringt er allerdings eine sehr unruhige Nacht, weil, so sagt er mir beim Zubettgehen, sein Bett schwanken würde. Und ob ich das nicht auch merke. Ich spüre rein gar nichts, weil ich nach den drei Zoigl und der Platte Bauerngeräuchertem wie ein Stein schlafe.

Jetzt ist es gleich Mittag, ich sitze am Küchentisch und brüte über der Messreihe. Mein Mann kommt gerade mit vorsichtigen, kleinen Schritten aus dem Schlafzimmer und sieht sehr käsig aus. „Das war gestern echt nicht ohne", sagt er, während er sich ganz langsam auf dem Stuhl neben mich niederlässt. „Na, zumindest hast du jetzt alle Messergebnisse zusammen." Er stützt seinen anscheinend unendlich schweren Kopf mit beiden Händen auf der Tischplatte ab, verfällt dann in Schweigen und stiert ins Leere.

Ich grummle etwas vor mich hin. Unentschlossen schwebt mein Bleistift über den auszufüllenden Kästchen mit unseren gestrigen Versuchen. Was von meinem Mann, der bisher einen eher apathischen Eindruck macht, nicht unbemerkt bleibt. „Nun mach schon und trage das Ergebnis ein!" Ich zögere noch einen Augenblick und gestehe ihm schließlich die traurige Wahrheit. „Du", sage ich ganz vorsichtig. „Die drei Zoigl gestern Abend haben mich irgendwie umgehauen und ich bin hinterher einfach bloß noch ins Bett gefallen. Und ehrlich gesagt, habe ich habe keine Erinnerung mehr daran, wie stark deine oder meine Zoiglfahne war, welche Gesichtsfarbe wir hatten und wie wir überhaupt nach Hause gekommen sind."

Mein Mann stöhnt leise auf. Mit geröteten Augen schaut er mich an und sagt dann: „Ich erinnere mich jedenfalls genau daran, dass du gesungen hast, dass du unbedingt auf den Tisch steigen wolltest und dass ich dich davon nur mit größter Mühe abhalten konnte. Hilft das irgendwie weiter?"

„Nicht wirklich", erwidere ich leise und räuspere mich. Zumindest weiß ich jetzt, woher meine rauchige Stimme und das beständige Kratzen in der Kehle stammen. Wir verfallen beide in Schweigen.

„Dann müssen wir das Ganze also wiederholen?", fragt er kaum vernehmbar, während er sich ein Glas Essiggurken und eine Dose Rollmops aus dem Kühlschrank holt. Vorsichtig zieht er den Vorhang vor das Küchenfenster, durch das nach langer Zeit endlich einmal die Frühlingssonne scheint und setzt sich wieder auf den Stuhl. Daraufhin wirft er bedächtig zwei Kopfschmerztabletten ein und spült mit einem Schluck Gurkenwasser nach. Er verzieht sein Gesicht. Ob wegen dem Geschmack des Essigsuds oder wegen seiner Kopfschmerzen, kann ich nicht beurteilen.

„Ja", antworte ich etwas geknickt, weil ich mich nicht ganz unschuldig an der Situation fühle. Erst schaut mein Mann bedrückt und nachdenklich, doch dann atmet er hörbar ein und wieder aus, wie wenn er gerade die Erleuchtung bekommen hätte. Er streckt sich langsam, gähnt, klopft mir kameradschaftlich auf den Rücken und meint: „Ach, ich denke, dass das Ordnung geht. Und weißt du, diesen Nachtest sollten wir nicht lange vor uns herschieben, den wiederholen wir am besten gleich heute Abend." Pah, denke ich, der Mann ist echt hart im Nehmen. Erleichtert lehne ich mich zurück und atme jetzt meinerseits befreit durch. Manchmal sieht man Probleme, wo keine sind. Während ich das Gurkenglas zufrieden wieder zuschraube, fischt sich mein Mann mit Daumen und Zeigefinger einen widerspenstigen Rollmops aus der Dose. Er ist mit voller Konzentration bei der Sache, als ob um ihn herum die Welt nicht existieren würde. Kaum hat er einen erwischt, lässt er ihn vorsichtig abtropfen und meint ganz beiläufig: „Aber, gell, das eine weißt du schon, heute Abend tauschen wir – dieses Mal übernehme ich die drei Zoigl mit der Platte Geräuchertem.

NEULAND

Das ungewohnte gemeinsame Frühstück mitten unter der Woche hätte eigentlich bereits meine Alarmglocken schrillen lassen müssen. Da fing es nämlich schon an. Wissen Sie, mein Mann und ich beginnen ja sonst den Tag nie zur gleichen Zeit. Aber alles ist momentan irgendwie im Wandel. Beim Frühstück zu zweit müssen wir auf jeden Fall feststellen, dass wir beide gewohnheitsmäßig die Zeitung in der gleichen Reihenfolge, also Sterbeanzeigen, Lokalteil, Kreuzworträtsel, Politik und Sport lesen. Es wird also hin- und her diskutiert, und bis wir uns endlich auf eine Vorgehensweise geeinigt haben, ist der Kaffee kalt und jeder von uns ein bisschen eingeschnappt.

Im Anschluss daran beginne ich, Vorbereitungen für das Mittagessen zu treffen. Ich schäle Kartoffeln. Und weil mein Mann anscheinend nicht so recht weiß, was er jetzt tun kann, gesellt er sich zu mir. Natürlich meint er gleich auf den ersten Blick zu erkennen, dass hier etwas im Argen liegt. Also erklärt er, dass ich mit einer etwas veränderten Kartoffelschältechnik den zeitlichen Aufwand wesentlich verringern kann. Er erntet für seinen Verbesserungsvorschlag von meiner Seite leider nur Unverständnis und ein schlecht unterdrücktes, lautes Schnauben. Worauf ich dann vorschlage, er könne doch mal „nach unten" gehen und seine Enkelin besuchen.

Also geht er ein Stockwerk tiefer und setzt sich auf den Teppichboden zur kleinen Lisa. Sie spielt gerade mit ihren Piraten-Playmobil-Figuren Seeschlacht. Lisa ist letzte Woche sechs Jahre alt geworden, und im Herbst kommt sie zur Schule. Da, so denkt er, kann es doch nicht schaden, wenn man im Rechnen bereits ein paar Vorkenntnisse hat. Also schießt er einige Male mit einer Kanone die Piraten seiner Enkelin von Bord des Schiffes und lässt sie dann jeweils ausrechnen, wie viele Mannschaftsmitglieder jetzt noch am Leben sind. Lisa will aber eigentlich nur spielen und nicht zählen, und spätestens, als ihr Opa den Affen der Piraten aus der Takelage des Schiffes geschossen hat, läuft die Kleine zu ihrer Mama und weint ganz bitterlich. Was ihm von seiner Schwiegertochter einen vorwurfsvollen Blick einbringt.

Kopfschüttelnd erhebt er sich jetzt und geht nach draußen in den Hof. Dort ist sein Sohn gerade dabei, die Reifen zu wechseln. Na, hier kann man sich doch wirklich nützlich machen. Er versucht, die Radmuttern vorne rechts zu lösen, doch diese wollen nicht so, wie er sich das vorstellt. Also ruft er seinem Sohn zu, der auf der anderen Seite des Autos arbeitet, er solle ihm doch den neuen Sechskantschlüssel bringen und dann auch gleich noch aus der Werkstatt das Rostlöserspray holen. Worauf sein Sohn, der ja immerhin auch schon knapp dreißig ist, aufsteht, sich den Staub von seiner Hose klopft und ihm mit sehr knappen Worten vorschlägt, doch die Reifen von seinem eigenen Auto zu wechseln und ihn hier in Ruhe weiterarbeiten zu lassen.

Jetzt steht mein Mann beleidigt auf und setzt sich auf die Hofbank. In diesem Moment kommt die Katze um die Ecke gebogen, und als sie gerade an seiner Bank vorbeihasten will, ohne ihn eines Blickes zu würdigen, bückt er sich und zieht sie auf seinen Schoß. „Na, Minni", sagt er und streicht mit den Fingern über ihren Rücken. Die Katze schaut ihn irritiert an, macht sich steif und versucht, sich seinem Griff zu entwinden. In den letzten Jahren fand er nämlich nie Zeit für sie, sondern hat ihr nur immer hinterhergerufen: „Saukatz, fang dir eine Maus, wenn du Hunger hast!" Noch zwei seiner ungewohnten Streicheleinheiten lässt sie über sich ergehen, dann macht die Katze einen Satz und fort ist sie. Im Weglaufen schaut sie allerdings nochmals kurz über ihre Schultern in seine Richtung und er vermeint, ihren ungläubigen Blick zu erkennen.

Da sitzt er nun. Die Sonne scheint angenehm warm auf ihn herab. Er faltet die Hände im Schoß und schießt seine Augen. Plötzlich hört er ein Geräusch und er blinzelt. Sein Nachbar steht am Gartenzaun. „Und, Franz", ruft ihm dieser zu. „Wie fühlt man sich so am ersten Tag als frischgebackener Rentner?"

EIN WIRKLICHES WUNDER

Wir sitzen am Frühstückstisch und lesen Zeitung. „Du",
sage ich kopfschüttelnd zu meinem Mann. „Weißt du,
dass es heutzutage viel schwieriger ist zu heiraten als früher. Heute gibt es eine sogenannte Hochzeitsmesse, die man
mindestens ein Jahr vor dem großen Tag besucht, um sich
grundsätzlich zu informieren. Und im Anschluss daran muss
vom künftigen Brautpaar ein Programm bewältigt werden,
das es wirklich in sich hat. Alles ist darin enthalten. Von der
Idee über die Konzeption, die Planung und die Organisation
bis hin zur Durchführung der Hochzeit. Hör mal, es klingt
echt anstrengend, was da alles zu erledigen ist:

- Persönliche Gestaltung von Einladungen, Namens-
  schildern, Menükarten, Danksagungen
- Erstellung einer Hochzeitshomepage mit Fotogalerie
- Suche der Hochzeitslocation mit Auswahl der Menüs
- Festlegung der Sitzordnung für das Event
- Professionelle Vor-Ort-Betreuung und Gästemanage-
  ment
- Hochzeits-Catering-Service inkl. Personal
- Auswahl der Dienstleister: Fotograf, Videograf,
  Gospelsänger, DJ, Band
- Entwicklung von Dekorationskonzepten und Einbin-
  dung der passenden Floristik
- Planung verschiedener Kindereventmodule (Hüpf-
  burg, Bungee-Trampolin, Clown)
- Anmietung von Hochzeits-Equipment (Zelt, Stühle,
  Hussen, Tischwäsche)
- Gastgeschenke, Überraschungen für die Gäste
  (Showeinlagen, Feuerwerk)
- Auswahl eines passenden Brautkleids mit trendigen
  Dessous.

Ich denke an unsere eigene Hochzeit vor fast schon fünfundzwanzig Jahren. Gott sei Dank war das damals alles anders. Viel einfacher und weniger aufwändig. Aber trotzdem sehr, sehr schön.

Geheiratet haben wir in der Pfarrkirche am Ort, gesungen hat der Kirchenchor, die Feier fand beim Dorfwirt statt, vor der Hochzeit waren wir schnell mit dem Fotografen für eine Stunde im hiesigen Stadtpark, zum Essen gab es mehr als reichlich und zwar ziemlich bodenständige Kost (ich erinnere mich da noch ganz genau an die gute Leberknödelsuppe), die Kinder haben sich selbst betreut, so etwas wie Gastgeschenke gab es nicht, was Anzug und Brautkleid betrifft wurde einfach das gekauft, was gut passte und preislich den Rahmen nicht sprengte, und das Wort „Trend" war damals auf dem Land noch unbekannt.

„Ach, und wie war das bei unserer Hochzeit nochmals mit den Dessous?", hakt mein Mann nach, weil er genau bemerkt hat, dass ich dieses Detail in meiner Aufzählung weggelassen habe. „Dessous, Dessous", wiegle ich ab. „Es war Anfang April und saukalt. Und außer dir hat wirklich absolut niemand bemerkt, dass ich unter dem Brautkleid meine Skiunterwäsche und Leggings trug statt irgendwelcher trendigen Seidendessous."

„Ts, ts ts", sagt mein Mann und schüttelt den Kopf. „Nur ein Anzug von der Stange, kein professionelles Gästemanagement, ganz einfache Leberknödelsuppe, keine selbst gebastelten Einladungen, kein Gospelsänger, keine Visagistin und dann noch nicht einmal trendige Dessous." Er nimmt meine rechte Hand, drückt einen sachten Kuss auf deren Innenfläche mit dem Ring und meint: „Ein Wunder. Es ist wirklich ein Wunder, dass trotz all dieser Widrigkeiten unsere Ehe gehalten hat und wir immer noch glücklich sind."

SPAM

Ich sitze am Computer und sehe meine Mails durch, als im Wohnzimmer nebenan das Telefon klingelt. Es ist meine Freundin, die anruft, weil sie Neuigkeiten für mich hat. Also nehmen wir uns Zeit für einen ausgedehnten Plausch, ich lehne mich entspannt im Sessel zurück und lege die Beine hoch. Keine halbe Stunde später gehe ich wieder zurück zu meinem Computer und den noch ungelesenen Mails.

In dem Moment, als ich mich auf den Bürostuhl setzen will, sehe ich am Boden etwas liegen, das aussieht wie ein Stück zerknittertes Papier. Ich bücke mich, um es aufzuheben, doch als ich es mit den Fingern berühre, fühlt es sich unangenehm klebrig und feucht an. Angewidert lasse ich das ominöse Ding wieder fallen. Wahrscheinlich stammt es von unserer Katze, die sich von etwas getrennt hat, das ihr nicht geschmeckt hat. Schnell hole ich ein Stück Küchenrolle und einen Lappen, um damit die unappetitliche Hinterlassenschaft zu entfernen. Als ich mich jedoch darüber beuge, sehe ich darauf Zahlen und Buchstaben. In Times New Roman. Mit bloßen Fingern will ich das Zeug auf keinen Fall nochmals berühren und so drehe und wende ich meinen Kopf solange, bis ich die einzelnen Wörter entziffern kann: „Sie haben 8000 Euro gewonnen!" steht da geschrieben. Seltsam. Sollte ich vorhin dieses papierähnliche Objekt beim Entleeren des Papierkorbs verloren haben? Ich grüble noch darüber nach, als ich keinen halben Meter entfernt ein weiteres kleines Häufchen am Boden liegen sehe. Erneut kann ich Buchstaben darauf erkennen. Beim näheren Hinsehen wieder einzelne Wörter. Dieses Mal entziffere ich den Satz: „3 Tage gratis flirten. Attraktive Singles in Ihrer Nähe finden!" Während ich innerlich unsere Katze verwünsche, die ich bereits als einzige mögliche Übeltäterin ausgemacht habe, entdecke ich im Flur Richtung Bad weitere Häufchen. In schön regelmäßigen Abständen. Wie Perlen auf einer Schnur. Ich lese „Sie sind ein Esel … wenn Sie sich das nicht anschauen!", „Multimillionär packt aus! So verdienen Sie sofort 12.302 Euro im Monat" und die Frage „Sind Sie noch immer auf der Suche nach der richtigen Frau?", die ich aber sofort kopfschüttelnd verneine. Wie hypnotisiert folge ich den abgelegten Nachrichten, die ziemlich zerknüllt sind und sich daher nur mit Mühe entziffern lassen. Ich frage mich, was mich wohl am Ende erwarten wird. Drei kryptische Nachrichten später („Ich schenke dir 500 Euro", „Winterspeck ade – Abnehmen im Schlaf", „Ihr Traumpartner wartet auf Sie") befinde ich mich direkt vor unserer Badtür.

Beim Gedanken daran, dass ich diese Hinterlassenschaften später auch noch aufwischen muss, verspüre ich schon jetzt einen leichten Brechreiz. Doch vorher will ich auf jeden Fall herausfinden, wer oder was sich in unserem Badezimmer befindet. Erwartungsvoll gebe ich also der Tür einen sanften Schubs. Und sehe ihn an der Toilettenschüssel lehnen. Leichenblass, schniefend und leise vor sich hin jammernd. Oh nein, jetzt höre ich auch noch ein würgendes Geräusch und schon speit der kleine Kerl direkt in die Schüssel. Selbst auf die Entfernung von nahezu zwei Metern kann ich die Nachricht lesen, die er vor meinen Augen von sich gibt: „Verlieren Sie überflüssige Pfunde – JETZT." „Ach, du Armer!", sage ich bedauernd. Beim Klang meiner Stimme dreht er sich abrupt um, starrt mich entsetzt an und vergisst dabei völlig, sich auf die Toilettenschüssel zu konzentrieren. Ohne Vorwarnung würgt er mir in einem Schwall zwei weitere Nachrichten vor die Füße. „Ist das Leben zu Ihnen auch so ungerecht?" und „Entfernen Sie unnötigen Datenmüll von Ihrem PC" entziffere ich inzwischen ganz routiniert und muss dabei nicht einmal mehr den Kopf in die richtige Position drehen. Ich würde den Kleinen ja so gerne in den Arm nehmen und trösten, doch ich will ihn nicht erschrecken. „Na, fühlst du dich jetzt ein bisschen besser?" frage ich voller Mitleid. Obwohl ich eigentlich eine ganz andere Frage stellen möchte. Vorsichtig knie ich mich hin und säubere grob den Boden, wobei ich auch gleich die Nachrichten „Trojaner-Attacke: Schützen Sie ihren PC noch heute" und „Jetzt Werbung deaktivieren" entferne.

Doch der Kleine antwortet nicht, er schnieft nur gequält, und ich verstehe auch gleich warum, denn vor meinen Augen gibt er die irgendwie treffende Nachricht „Kotzt Sie die Welt auch manchmal an?" von sich. Geistesgegenwärtig fange ich sie mit meinem Lappen auf, bevor sie auf die Fliesen fallen kann. Dann bleibe ich bewegungslos auf meinen Knien neben ihm sitzen und schaue ihn teilnahmsvoll an. Gott sei Dank werden jetzt die würgenden Geräusche, die er von sich gibt, seltener. Na, vielleicht ist ja das Gröbste doch schon überstanden. Ich betätige vorsichtig nochmals die Klospülung und wische mit behutsamen Bewegungen den Boden trocken. „Ach, du Armer" sage ich nochmals ganz sanft. Und nachdem ich auch noch ein letztes Häufchen, das sich zwischen den Rohren des Heizkörpers einquartiert hatte, entfernt habe, stelle ich dann doch die unvermeidliche Frage, die mir schon die ganze Zeit auf der Zunge brennt: „Du", sage ich ganz behutsam. „Ich würde gerne wissen, wer du eigentlich bist und wie du in unser Badezimmer kommst?"

Er ist nach wie vor völlig aufgelöst. Abwechselnd schnieft und schluckt er immer wieder sehr nachdrücklich, wohl um weitere Nachrichten am Erscheinen zu hindern. „Ich … ich bin der Spam …", doch bevor er den Satz zu Ende sprechen kann wird er von einem Weinkrampf geschüttelt und ein Meer von Tränen bahnt sich seinen Weg ins Freie. Entschlossen nimmt er aber einen weiteren Anlauf und fährt mit leicht brüchiger Stimme fort. „Ich ... ich bin der Spam-filter von deinem Computer. „Weißt du, ich war so voll und verstopft mit diesen widerlichen und völlig überflüssigen Spamnachrichten und mir war davon so dermaßen schlecht. Ich konnte einfach nicht anders." Und dann schluckt er wie-der schwer und ich will schon meinen Lappen zücken, doch dann lasse ich ihn wieder sinken, denn er fügt nur resigniert hinzu: „Tut mir wirklich leid, aber der ganze Dreckskram musste einfach raus." Das leuchtet mir irgendwie ein. Mir reichen ja schon dreißig Minuten eines gewissen Privatsen-ders, und schon verspüre ich einen nahezu unwiderstehlichen Drang, den Rest der Woche in der Nähe der Kloschüs-sel zu verbringen. Fast mechanisch reiße ich jetzt ein frisches Blatt von der Küchenrolle, weil ich direkt neben der Kloschüssel eine Nachricht entdecke, die ich vorhin ganz übersehen hatte. „Greifen Sie zu: Das ist Ihr Hauptgewinn!" dechiffriere ich fachmännisch. Etwas unwillig nehme ich den Rat an und wische das letzte Häufchen sorgfältig weg, werfe es in die Toilette und betätige die Spülung.

Als ich mich jedoch wieder dem Kleinen zuwenden will, bemerkte ich überrascht, dass ich allein im Bad bin. Schnell rapple ich mich hoch und laufe nach vorne zum Computer. Nichts zu sehen. Verschwunden. Wie vom Erdboden ver-schluckt. Ich gehe nochmals durch die Wohnung und rufe leise. Doch er ist nicht mehr da. Schade.

Zu gerne hätte ich diesen kleinen Mitbewohner meinem Mann vorgestellt. Der wird mir das alles natürlich wie üblich nicht glauben. Wird auf meine wahrheitsgetreue Schilde-rung nur mit einem beruhigenden „Ach, Schatz" reagieren. Und wird mir dabei sanft und doch auch eine Spur besorgt übers Haar streichen. Dann wird er meine Hand beruhigend tätscheln, Wikipedia zitieren und sagen: „Ein Spamfilter ist ein Computerprogramm zum Filtern von elektronischer unerwünschter Werbung.", wobei er das Wort „Computerprogramm" extrem betonen wird. Und dann wird er noch leise hinzufügen: „Ein Spamfilter kann nicht aus dem DVD-Laufwerk des Rechners steigen, ins Bad gehen, sich übergeben, mit Menschen sprechen und dann mir nichts dir nichts wieder im Computer verschwinden. Weißt du, mein armer Schatz, so etwas machen Computerprogramme einfach nicht." Genau das wird er sagen. Und insgeheim wird er überlegen, ob er nicht doch vielleicht demnächst wegen mir mit unserem Hausarzt sprechen sollte.

Ich seufze. Blöderweise habe ich jetzt auch schon alle Nachrichten ins Klo gekippt. Und auch noch nachgespült. Sämtliche Beweise futsch. Na, denke ich mir, dann werde ich ihm wohl besser doch nichts von meiner sonderbaren Begegnung erzählen. Ich will ja meinen Hausarzt nicht beunruhigen.

Aber eines nehme ich mir ganz fest vor. Künftig werde ich den Junk-Ordner mit den Spam-Mails täglich leeren. Und wenn mich mein Mann fragt, warum ich das in so engen Abständen mache, werde ich ihm sagen, dass ich es nicht mag, wenn mein Postfach voll läuft. Aber in Wirklichkeit möchte ich mit der täglichen Leerung natürlich nur vermeiden, dass meinem kleinen goldigen Spamfilter wieder so grottenschlecht wird und er dermaßen leiden muss.

Obwohl ich, ehrlich gesagt, schon gerne noch einmal mit ihm gesprochen hätte.

SPORT IST MORD

Seit Jahren stehen meine Langlaufskier ungenutzt in einer dunklen Kellerecke. Aber dieses Jahr, so habe ich mir vorgenommen, dieses Jahr werde ich nach vielen Jahren endlich wieder einmal Langlaufen gehen. Und so mache ich mich an einem Samstagnachmittag bei Eiseskälte, Sonnenschein und blauem Himmel mit dem Auto auf den Weg zur Steinwaldloipe bei Pfaben. An der Infotafel beim Parkplatz stoppe ich kurz, überlege, welche Route ich nehmen will und entscheide mich schließlich für den zwei Kilometer langen Rundweg, der als absolut anfängerfreundlich beschrieben wird.

Erst gestern habe ich übrigens in der Zeitung gelesen, dass Skilanglauf eine Sportart mit sehr geringem Verletzungsrisiko ist, ja sie gilt sogar als gemütlich. Man gleitet sozusagen wie von selbst idyllisch durch schneeverhangene Wälder, genießt die frische Luft und erfreut sich an der beeindruckenden Natur. Es gibt rein gar nichts, was dagegen spricht, auf geht's also! Der vor mir liegende Abschnitt ist übersichtlich, und ich kann die Strecke gut einsehen. Erfreulicherweise ist kaum etwas los, nur ein paar verstreute Langläufer sind schemenhaft in der Ferne zu erkennen.

Gleich zu Beginn geht es allerdings einen kleinen Hügel hinab. Aber da ich mich als sportlich einschätze, habe ich keine Bedenken, dass mir dieser leichte Abhang Schwierigkeiten bereiten könnte. Und ahui, ein gekonnter Stockeinsatz und schon geht es hinunter. Allerdings doch ein bisschen schneller als ich mir das so vorgestellt habe. Bremsen wäre jetzt nicht schlecht. Ich versuche einen Langlauf-Pflug hinzubekommen und bemühe mich, die Skispitzen zu einem Dreieck vor dem Körper zusammenzuführen Doch bei dieser vereisten Loipe ist es praktisch unmöglich, die Skier aus der präparierten Spur zu bekommen. Da somit ein

Ausweichen nach links oder rechts unmöglich ist, bleibt nur noch die Bewegung nach vorne oder in diesem Fall nach unten. Ich fühle mich wie im Eiskanal auf der Bobbahn. Mit zunehmender Geschwindigkeit und wachsendem Entsetzen rase ich talwärts. In meiner Not versuche ich, die Stöcke als beidseitige Bremsanker einzusetzen, sie im Schnee zu verkrallen und das Tempo zumindest etwas zu verringern. Gleichzeitig presse ich die Lippen aufeinander, um Hilferufe, die sich gerade ihren Weg ins Freie bahnen wollen, zu unterdrücken. Dermaßen körperlich und geistig gefordert, bemerke ich erst mit Verspätung, dass der Abhang schon längst zu Ende ist und ich zwischenzeitlich zu einem gemächlichen Stillstand gekommen bin.

Ich räuspere mich, rücke meine Mütze zurecht und blicke mich um. Die Loipe ist menschenleer. Niemand hat mein Fiasko miterlebt. Da entdecke ich, dass bei meinem rechten Skistock der dazugehörige Teller am unteren Ende fehlt. Suchend schaue ich hinter mir den Abhang hinauf, der jetzt seltsamerweise ganz harmlos und sanft abfallend wirkt. Ja, und dann sehe ich die Stockrosette wirklich mitten in der Spur liegen, so vielleicht dreißig Meter von mir entfernt. Also, dreißig Meter im Schnee zurückzulaufen, denke ich mir, ist ja schon eine ziemliche Strecke, noch dazu bergauf. Und wenn schon soeben das Bremsen mittels Pflug nicht geklappt hat, wie soll ich dann erst ein kompliziertes Wendemanöver hinbekommen. Bleibt auch noch zu klären, ob man als Langläufer auf freier Strecke überhaupt wenden darf.

Ich betrachte meinen lädierten Skistock und stecke ihn probehalber in den Schnee. Wozu braucht man eigentlich diesen seltsamen Teller? Besteht für ihn überhaupt eine sportliche Notwendigkeit? Wahrscheinlich kann man auch ganz gut ohne ihn fahren. Ich drehe mich nochmal um und mustere die kleine und von hier aus sehr harmlos wirkende

Erhebung mitten in der Spur. Man könnte sie glatt übersehen. Andererseits, wenn man mit rasanter Geschwindigkeit von oben kommt, dann hat sie ungefähr die gleiche Wirkung wie ein Klotz Holz, der mitten auf der Autobahn liegt. Aber, so frage ich mich jetzt, ist das wirklich mein Skistockteller, der da oben liegt? War mein fehlender Teller überhaupt noch am Skistock, als ich vorhin die Ausrüstung ins Auto verladen habe? Oder liegt er vielleicht noch zu Hause im Keller? Ich bin mir plötzlich gar nicht mehr sicher und fahre grübelnd weiter.

Diese vereiste Abfahrt war anscheinend das schwierigste Stück des Rundlaufs. Von links und rechts fädeln sich jetzt immer wieder Loipenspuren anderer Skiwanderwege in meine Bahn ein. Es geht wohltuend eben dahin, vorbei an tief verschneiten Bäumen unter malerischem Himmel. Ich fühle mich ein bisschen wie Luis Trenker. Endlich habe ich meinen Rhythmus gefunden. Bin im Einklang mit mir und der Natur. Die Sonne scheint, und so halte ich an, um mich von ihren Strahlen wärmen zu lassen. Ich schließe die Augen und genieße die Ruhe. Entschleunigung. Stillstand. Entspannung. Dann allerdings spüre ich plötzlich einen leichten Windstoß und ein feiner Regen aus Schneekristallen fällt von den Bäumen und wird direkt in mein Gesicht geweht. Das bringt mich irgendwie völlig aus dem Gleichgewicht, ich komme ins Trudeln und falle ungebremst in den Schnee. Natürlich versuche ich, schnell wieder hochzukommen, muss aber feststellen, dass sich das Aufstehen ziemlich schwierig gestaltet. Angestrengt wende ich mich hin und her, ich probiere es mit Hilfe der Stöcke, ohne Stöcke, stütze mich mit den Armen ab und will schließlich schon resigniert die Skier abschnallen. Nach einem ziemlich anstrengenden Kampf gegen Schnee, Skier und Erdanziehungskraft gelingt es mir dann aber schließlich, doch noch aufzustehen.

Etwas erschöpft mustere ich meine Umgebung. Die Loipe ist jetzt auf eine Länge von zwei Metern ruiniert. Da hilft auch keine Beschönigung. Wer hier vorbeikommt, muss genau aufpassen, damit er nicht versehentlich aus der Spur gerät. Sonst landet er nämlich unweigerlich in oder sogar auf der Krüppelkiefer, welche unglücklicherweise direkt am Wegrand steht und schon jetzt eine leidende Mine aufgesetzt hat. Kurz erwäge ich, die Skier abzumontieren, um mit meinen bloßen Händen das demolierte Stück Loipe wieder herzurichten und somit zumindest einigermaßen befahrbar zu machen. Immerhin habe ich erst letzte Woche einen Töpferkurs an der Volkshochschule besucht und dort die Aufbautechnik erlernt, die ich hier sehr gut einsetzen könnte. Doch dann überlege ich mir, dass diese kurze Spurunterbrechung für normal sportliche Langläufer wohl nicht wirklich ein Problem darstellen wird und eher als Herausforderung zu betrachten ist. Und dass gegen Abend die Strecke bestimmt noch einmal mit dem Spurgerät abgefahren wird und der Fahrer mein kleines Missgeschick sicherlich viel fachmännischer beheben kann als ich. Und dass zu Hause mein Mann mittlerweile bestimmt schon Kaffee gekocht hat und ich ihn nicht warten lassen will. Ich setze also meinen Weg fort.

Ruhig gleite ich dahin. Der Bewegungsablauf kommt mir ganz natürlich vor. Wie wenn ich mein Leben lang nichts anderes gemacht hätte. Plötzlich höre ich von hinten Stimmen. Da ich mich nicht hetzen lassen will, die Gruppe profimäßig ausgerüsteter Langläufer aber bereits in Sichtweite ist, beschließe ich, aus der Spur zu steigen und die Schar vorbeizulassen. Ich hebe also einen Ski und stelle ihn neben die Spur, doch gerade als ich auch den zweiten Ski hebe und danebenstelle, rutsche ich aus, krache auf den Hintern und lande in einer Tiefschneewehe. Die Gruppe zieht teilnahmslos wie eine Karawane vorüber, behält ihr Tempo bei und würdigt mich keines Blickes. Was keine wirkliche Überraschung ist, denn die Wehe hat mich durch die Wucht des Aufpralls praktisch verschluckt. Mühsam, doch durch die vorhergehende Erfahrung bereits routiniert, versuche ich, mich aus dem Loch herauszukämpfen. Meine Skier sind nicht mehr zu sehen, und auch meine Oberschenkel sind verschwunden. Ich liege in einem arschbombenmäßigen Krater. Und den habe ich gerade durch einen einfachen Sturz verursacht? Ehrfürchtig betrachte ich abwechselnd den Trichter und meinen Hintern. Oder war das Loch vielleicht doch vorher schon da?

Ich beginne, den Schnee mit den Handschuhen um mich herum fest zu klopfen, damit ich etwas mehr Bewegungsfreiheit gewinne. Dann kämpfe ich mich hoch, falle dazwischen aber einige Male wieder zu Boden und habe den Eindruck, dass dadurch die Grube noch tiefer wird. Mit etwas Glück gelingt es mir schließlich doch noch, den Ausstieg aus dem Loch zu schaffen. Ziemlich erschöpft schiebe ich mich zurück auf die Spur. Ich bin über und über mit Schnee bedeckt und bemerke mit einem Anflug von schlechtem Gewissen, dass die Loipe nur eine Handbreit neben dem neu geschaffenen Krater verläuft.

Dagegen kann ich jetzt aber auch nichts machen. Ich klopfe die an mir haftenden Schneereste ab, welche sogleich in die Grube fallen. Was zur Konsequenz hat, dass diese jetzt pudrig ausgekleidet ist und einen eher harmlosen Eindruck macht. Fast wie eine Eisspalte. Leider weiß ich aber, wie elendig tief dieses Loch in Wirklichkeit ist, und als ich mich räuspere, wundere ich mich nicht wirklich, als ich ein Echo höre. Ich persönlich würde mir ja wünschen, dass auf solche Tiefschneewehen mittels Warntafeln hingewiesen wird. Menschen, die etwas weniger sportlich sind als ich, könnten an solchen Gefahrenstellen ohne Weiteres zu Schaden kommen. Ich nehme mir vor, zeitnah herauszufinden, welcher

Verein für das Spuren der Loipe zuständig ist und dort meinen Vorschlag zu unterbreiten. Mit diesem Vorsatz und einem richtig guten Gewissen fahre ich weiter.

Nach der nächsten Kurve taucht dann Gott sei Dank auch endlich der Parkplatz auf, wo mein Auto steht. Ich sehe, dass in der Zwischenzeit ein Bus mit einer circa dreißigköpfigen Gruppe angekommen ist, die jetzt verstreut auf dem Rundweg unterwegs ist. Es herrscht schon fast Hochbetrieb. Ich schnalle langsam meine Skier ab, befreie sie von Eis und Schnee, packe sie in den Kofferraum und will gerade ins Auto steigen, als ich Stimmen und Schreie höre.

Ich blicke zurück und erstarre. An der Stelle, an der ich meine Skistockrosette verloren habe, also ich meine, dort, wo ich mitten auf der Loipe eine solche Rosette liegen sah, hat sich ein Gruppe Skiläufer angesammelt, welche allesamt laut rufen und gestikulieren. Mindestens vier von ihnen liegen hilflos am Boden. Ich schüttle den Kopf. Mir kommt eine Loipenregel, die ich vorhin beim Studieren der Anschlagtafel gelesen habe, in den Sinn: „Die Geschwindigkeit – vor allem bei Abfahrten – ist dem Können, dem Gelände, der Sichtweite und der Personenanzahl in der Spur anzupassen." Das ist doch wirklich eine leicht verständliche und einleuchtende Regel. Ich verstehe gar nicht, dass manche Sportler oftmals so dermaßen ihre körperliche und sportliche Konstitution überschätzen.

Mein Blick wandert weiter. Was ich dann allerdings erblicke, macht mich sprachlos. Die Krüppelkiefer, die vorhin noch so idyllisch und einsam in der Landschaft stand, ist jetzt belagert von heillos ineinander verschachtelten Menschen. Es ist unmöglich zu erkennen, um wie viele Personen es sich dabei genau handelt, weil überall Arme, Beine und Skier herausragen. Man hat fast den Eindruck, als wären die Sportler durch irgendetwas aus der Bahn katapultiert worden. Selbst aus dieser Entfernung höre ich von dort lautes Stöhnen und Lamentieren. Mir kommt es kurz so vor, als wäre das exakt die Stelle, an der mich vorhin eine Handvoll Schneeflocken so ein bisschen aus dem Gleichgewicht gebracht hat. Kann sein, muss aber nicht sein.

Bevor ich mich aber endgültig wieder dem Auto zuwende, beginnen meine Augen wie von selbst die Stelle mit der Schneewehe und dem Tiefschnee zu suchen. Ich kann nichts Außergewöhnliches erkennen. Na, Gott sei Dank. Zumindest hier ist keine Katastrophe passiert. Vorsichtshalber kneife ich aber meine Augen nochmals zusammen und inspiziere erneut die Stelle. Und da sehe ich dann doch wirklich mindestens drei Paar Skistockenden aus dem Krater ragen. Die Verunglückten bewegen sie in der Luft hin und her, wohl in der Hoffnung die Aufmerksamkeit anderer Langläufer auf sich und ihre missliche Lage zu ziehen. Und wirklich, zwei Personen bewegen sich jetzt mit schnellen Bewegungen Richtung Krater – und sind von einem Moment auf den anderen praktisch geräuschlos darin verschwunden. Mir reicht es jetzt endgültig. Sind denn heute nur Anfänger unterwegs?

Ich klopfe letzte Flockenreste von der Mütze und der Kleidung, und setze mich ins Auto. Konzentriert lege ich den Rückwärtsgang ein, fahre aus der Parklücke und freue mich schon auf zu Hause. Da plötzlich glaube ich etwas zu hören. Etwas, das sich nach Martinshorn und Sirene anhört. Ich öffne mein linkes Seitenfenster. Nein, ich habe mich nicht verhört. Die Sirene wird zusehends lauter und ich registriere, wie in kurzer Abfolge Rettungswagen, Notarzt und Technisches Hilfswerk in den Parkplatz einbiegen und an mir vorbeifahren.

Ich blicke in den Rückspiegel und sehe, wie sich die Ärzte und Helfer mit Bahren auf den beschwerlichen Weg durch den hohen Schnee machen. Sie wurden gerufen, um offene Brüche zu versorgen, Menschen mit schweren Hautabschürfungen und verdrehten Knien von Krüppelkiefern zu holen und Langläufer aus tiefen Kratern zu bergen. Ich sehe, wie Psychologen mit Betroffenen sprechen, um ein dauerhaftes Trauma von ihnen fernzuhalten und ich beobachte das Technische Hilfswerk, wie es die erschöpften Sportler in Decken hüllt und mit heißem Tee und Wurstsemmeln versorgt.

Beim Anblick der appetitlichen Wurstsemmeln denke ich an meinen Mann, der mit Kaffee und Kuchen auf mich wartet. Gerade als ich das Seitenfenster wieder schließen will, höre ich aus dem nicht nachlassenden Jammern und Lamentieren ganz eindeutig das Wort „Pistensau" heraus und im Rückspiegel sehe ich anklagende Skistöcke, die allesamt in meine Richtung zeigen. Doch gerade in diesem Moment höre ich auch den sich nähernden Rettungshubschrauber, und so entschließe ich mich, den Parkplatz schnellstmöglich zu verlassen, um Raum für die Landung zu schaffen. Erfreut bemerke ich, dass auf der quer verlaufenden Hauptstraße weit und breit kein Auto zu sehen ist und so gebe ich Gas und verlasse den Parkplatz.

Ich schalte in den nächsten Gang, drehe die Heizung bis zum Anschlag und lehne mich entspannt zurück. Das war echt mal wieder richtig schön, denke ich mir. Also Skilanglauf kann ich wirklich nur wärmstens empfehlen. In diesem Fall muss ich einfach den Experten Recht geben, die behaupten, dass diese Sportart die Natur nahebringt und obendrein noch sehr, sehr gesund ist.

MANN, OH MANN

Meine Freundinnen Irmi, Erika und ich sitzen nebeneinander in der Neuen Flora in Hamburg, vierzehnte Reihe, Platz 16, 17 und 18. Noch fünf Minuten bis zum Beginn des Musicals. Um uns herum herrscht ein Wirrwarr von Stimmen und gerade eben drängt sich ziemlich energisch eine beleibte Dame im Abendkleid an uns vorbei. Als sie endlich ihren Platz gefunden hat, stoßen wir drei mit unseren Sektgläsern an, es macht pling-pling, und wir prosten uns glücklich zu. Jede von uns hat auf ihrem Schoß das Programmheft zusammen mit der Musical-CD und dem Stadtführer von Hamburg liegen.

Ich schließe die Augen und lehne mich zurück. Eigentlich fehlen jetzt zum vollständigen Glück nur noch unsere Männer. Da schenken sie uns zum Fünfzigsten diese tolle Musical-Reise und denken im Eifer des Gefechts nicht daran, dass die drei Geburtstagskinder ihre Ehepartner bei diesem Wochenendurlaub selbstverständlich auch dabei haben möchten. Ich versuchte natürlich noch am selben Tag, drei zusätzliche Plätze zu ergattern. Doch der Veranstalter teilte mir gleich mit, dass der Bus bereits voll besetzt sei und er daher keine weiteren Reservierungen mehr annehmen könne. Klar waren die Männer ziemlich geknickt, als ich ihnen sagen musste, dass nichts mehr frei ist. Aber an der Situation war nichts mehr zu ändern. Na ja, zumindest meine besten Freundinnen sind ja bei mir. Auch nicht schlecht.

***

Was drei Wochen zuvor zu Hause geschah: Das Telefon klingelt in unserer Wohnung. Ich bin gerade einkaufen, mein Mann geht ans Telefon.

„Ja, hallo, hier ist der Franz."

„Servus Franz. Ich bin's, der Georg. Du, ich muss dich mal was fragen. Kannst du frei sprechen, ich meine bist du alleine?"

„Ja, bin ich. Leg los, was hast du auf dem Herzen?"

„Du, deine Frau, die hat doch bald ihren fünfzigsten Geburtstag. Da hab ich mir gedacht, ich ruf dich mal an und frag dich, was du ihr schenkst."

„Mensch, Georg, ganz ehrlich, ich weiß es nicht. Der Geburtstag ist ja schon in vierzehn Tagen und das Schlimme ist, dass ich keinen Plan habe."

„Das ist ja echt bescheuert. Die Irmi hat doch dieses Jahr auch ihren Fünfzigsten und du kennst ja meinen Ideen-reichtum in Sachen Geschenke und Frauen. Aber sag mal, ihr hattet doch vor zwei Jahren goldene Hochzeit. Wie habt ihr das denn gefeiert?"

„Warte mal, lass' mich überlegen, ach ja, genau, wir sind in irgendein so ein Musical gefahren."

„In ein Musical? Du? Wie ist es denn dazu gekommen?"

„Na, ehrlich gesagt, bin ich da gar nicht gefragt worden. Sie hat für mich mitgebucht. Einfach so. ich musste sogar meinen Anzug und die Krawatte einpacken. Und den Anzug vorher zu Hause auch noch anprobieren. Schauen, ob er überhaupt noch passt nach der langen Zeit, hat sie gesagt. Natürlich hat er gepasst. Wie angegossen sogar. Und das Ganze war dann auch noch mit Übernachtung. Nach dem Musical waren wir in einem feinen Restaurant, ich natürlich immer noch mit Krawatte und Anzug. Und Preise hatten die! Das Bier wurde praktisch in Schnapsgläsern ausge-schenkt. Und dann am nächsten Morgen auch noch eine dreistündige Stadtrundfahrt. Völlig übertrieben. Aber, wie gesagt, ich war machtlos, sie hat mich einfach angemeldet. Aber ihr hat es wirklich sehr sehr, sehr gut gefallen und sie schwärmt mir noch heute davon vor."

„Hm, ich war ja letztes Jahr mit meiner Frau auch für ein Wochenende weg. Sie hatte da noch einen Reisegutschein, den wir an Weihnachten von den Kindern bekommen hatten. Blöde Schenkerei. Ein Gutschein für eine Städtetour Prag. Und sie wollte partout nicht alleine fahren. Ich hab zu ihr gesagt, ach was, ich habe sie praktisch angefleht, fahr doch alleine oder noch besser, nimm deine Freundin mit, so kannst du mal richtig entspannen, ohne Familie, du kannst dir den Tag so einteilen, wie du willst, ohne ständig Rücksicht nehmen zu müssen. Aber nichts zu machen. Ich musste mit.“

„Und wie war es dann?“

„Na, genau wie befürchtet. Busfahrt, Schifffahrt, Stadtrundfahrt, Theaterbesuch, Restaurant, Übernachtung, Museumsbesuch und dann endlich die Heimreise. Das Wochenende war im Eimer. Für mich jedenfalls. Irmi war begeistert und letzte Woche habe ich am Küchentisch schon wieder einen Prospekt liegen sehen mit verschiedenen Wochenendtouren. Ich hab ihn vorsichtshalber unter der Tageszeitung von gestern verschwinden lassen und bin damit extra runter zur grünen Tonne, um es gleich zu entsorgen. Aber ehrlich gesagt glaube nicht, dass damit das Problem wirklich aus der Welt ist.“

„Phhhh.“

„Du sprichst mir aus der Seele.“

„Mensch, irgendeine Lösung muss es doch geben. Eine Lösung, mit der alle zufrieden sind. Wir und die Frauen.“

„Ja, ein Lösung, bei der die Frauen hinterher nicht rummaulen, bei der wir beide aber gemütlich zu Hause bleiben dürfen.“

„Mensch, Georg! Das ist es!“

„Was?“

„Na, verstehst du nicht? Sollen doch unsere reisebegeisterten Frauen miteinander wegfahren und wir bleiben zu Hause. Sie werden beide dieses Jahr fünfzig und bekommen als Geschenk, was ihnen Spaß macht, nämlich eine Kurzreise."

„Franz, du bist einfach genial. Ein Musical für die beiden. Sie sind glücklich, wir sind glücklich, was will man mehr."

„Oh Mann, mir fällt ein riesiger Stein vom Herzen. Die Sache quält mich ehrlich gesagt schon seit Wochen."

„Das wird eine richtige Geburtstagsüberraschung. Wir melden unsere beiden Frauen für die Fahrt und irgendso ein Musical in Hamburg an. Am besten mit Übernachtung und komplettem Programm. Abfahrt Samstag früh und Rückkunft frühestens Sonntag in der Nacht, damit sie richtig zufrieden sind. Davon erfahren dürfen sie natürlich erst so spät wie möglich. Dadurch ist auch die Gefahr, dass wir beide mitfahren müssen, viel geringer, weil die Zeit zu knapp ist zum Nachbuchen, und der Bus hoffentlich schon voll ist. Und Plätze nebeneinander würden wir bestimmt nicht mehr bekommen. Und dann können wir immer noch sagen, dass wir nicht mitfahren wollen, wenn wir keine Plätze nebeneinander haben. Weil es einfach keinen Spaß macht, wenn jeder von uns in einer anderen Ecke sitzt. Und dass wir gar nicht daran gedacht haben, dass wir auch mitfahren könnten. Klingt doch glaubwürdig, oder?"

„Klingt voll glaubwürdig. Du bist ein echter Freund. Gott sei Dank ist dieses Problem gelöst."

„Georg, jetzt ganz was anderes. Ich müsste mal wieder dringend an einem Samstag zum Conrad nach Wernberg."

„Du, ich auch. Ich hab da eine ganze Liste an Sachen, die ich dort mal dringend besorgen müsste. Aber, ehrlich gesagt, werde ich dazu bestimmt einen ganzen Vormittag brauchen."

„Ach, ist doch kein Problem. In diesem Riesen-Elektronikmarkt ist man doch gut aufgehoben, da vergeht die Zeit sowieso wie im Flug. Am besten erledigen wir das an dem

Samstag, wenn unsere Frauen zum Musical fahren. Das würde sich doch anbieten."

„Tolle Idee! Die Frauen sind verreist und wir fahren zu Conrad und kaufen ein. Weil wir Sachen brauchen für die Abarbeitung der Arbeitsliste, die uns die Frauen geschrieben haben."

„Da stehen wir gut da, oder?"

„Ziemlich gut. Besser geht's eigentlich gar nicht."

„Ich würde vorschlagen, dass wir gleich in der Früh fahren, nachdem wir unsere Frauen zum Bus gebracht haben. Und wenn wir gegen Mittag bei Conrad fertig sind, essen wir dort einen oder zwei Döner an der Imbissbude. Und nachmittags könnten wir mal beim Hans vorbeischauen. Der hat mir gestern gesagt, dass sein alter Traktor so schlecht anspringt und dass wir doch mal nach ihm sehen sollen. Vielleicht hast du da eine Idee, wie ihm zu helfen ist. Mensch, da fällt mir ein, ich habe zu Hause noch ein Fünf-Liter-Fass Bier, das überfällig ist. Das könnte ich ja mit ins Auto schmeißen. Für alle Fälle."

„Und ich könnte unseren kleinen Grill mitnehmen und einen Packen Würstchen spendieren."

„Genau so machen wir das, Georg. Das wird bestimmt ein schöner Samstag. Ich freue mich schon darauf. Aber sag mal, weil du vorhin vom Hans gesprochen hast. Sind unsere Frauen und seine Erika nicht in der gleichen Schulklasse gewesen?"

„Ja, schon. Aber warum fragst du?"

„Na, wenn die Drei in der gleichen Klasse waren, wird dann dieses Jahr die Erika nicht auch noch fünfzig?"

MÜCKENALARM

Ich würde an dieser Stelle gerne einmal ganz neutral beschreiben, wie das nachts so ist, wenn mein Mann und ich eine Mücke im Schlafzimmer haben. Doch mein Mann möchte das nicht, weil er meint, dass ich im höchsten Grade parteiisch bin und die Sache bestimmt nicht sachlich schildern würde. Andererseits möchte ich es auch nicht ihm überlassen, die nächtlichen Ereignisse zu beschreiben, weil er dann ständig Worte wie „hysterisch", „durchgedreht", „reizbar", „neurotisch" und „völlig übertrieben" benutzen würde. Was auch nicht besonders objektiv und unvoreingenommen klingt. Also muss diese Geschichte von einer durch und durch neutralen Beobachterin erzählt werden.

***

Ich warte. Im Schlafzimmer. In der Ecke. An der Wand. Ich. Zart gebaut, schlank mit langen dünnen Beinen. Gut getarnt. Auf einer dunkel gepunkteten Tapete. Es ist dämmrig. Und leider ziemlich langweilig. Da öffnet sich die Tür. Licht an. Zwei Menschen betreten den Raum. Und plötzlich, ganz plötzlich liegt berauschende Magie in der Luft.

Ich warte. Das fällt schwer. Ich warte. Ich rede mir gut zu, ruhig zu bleiben, jetzt nur die Nerven zu behalten. Nach einer Ewigkeit geht das Licht aus. Noch ein paar Minuten warten. Jetzt aber. Endlich. Ich starte zum Test der Funktionalität meiner Flügel zu einem Zimmerrundflug und höre auch gleich eine Reaktion: „Oh nein, eine Mücke!", ruft die weibliche Stimme, das Licht geht sofort an. Die Frau setzt sich auf und blickt sich um. Sieht natürlich nichts. Auf jeden Fall nichts, was einer Mücke ähnlich sieht. Ich sitze nämlich inzwischen längst wieder auf einem der dunklen Punkte der Tapete. „Ach, da war doch nichts. Du hast dich getäuscht, schlaf einfach weiter!", höre ich eine verschlafene Stimme. Das Licht geht wieder aus. Ruhe.

Ich warte, bis ich einigermaßen regelmäßiges Atmen höre und starte voller Vorfreude wieder durch. Dieses Mal ist es ein Orientierungsflug, man möchte ja zumindest wissen, wer von den beiden wo liegt. Über ihren Köpfen drehe ich eine Schleife. Keine Reaktion. Eine Extraschleife. Keine Reaktion. Tiefflug über dem Kopf der Frau. Leises Stöhnen. Ich erhöhe die Propellerfrequenz, so dass mein Motor etwas nervig-sirrend klingt und ja, jetzt habe ich endlich ihr rechtes Ohr entdeckt. Ich höre ein aggressives: „Ich habe mich nicht getäuscht. Da ist so ein Mistvieh im Zimmer." Licht an. Sie setzt sich hoch und steigt aus dem Bett. Setzt ihre Brille auf und geht zwei Runden durchs Zimmer. Mustert jeden einzelnen Punkt auf der Tapete. Ich zittere vor Aufregung. Sie entdeckt mich nicht, weckt aber ihren Mann und schimpft mit ihm, weil er ihr bei der Suche nicht behilflich ist. Die Magie in der Luft nimmt zu. Jetzt setzt sich ihr Mann auch auf und dreht pflichtbewusst mit fast komplett geschlossenen Augen zwei Runden durchs Zimmer, lässt sich dann wie ein Toter in sein Bett fallen, murmelt „da ist nichts" und schläft ansatzlos weiter. Das Licht geht wieder aus.

Ich warte. Ich höre den Mann, wie er regelmäßig und tief einatmet. Ich höre auf der anderen Seite des Bettes hektisches Atmen. Ich nehme durch die Finsternis den zunehmenden Körpergeruch sowie die steigende Feuchtigkeit und Temperatur der Frau wahr. Dazu das Kohlendioxid ihrer Atemluft. Ich halte es nicht länger aus. Ich kann nicht warten. Es geht einfach nicht mehr. Magie. Ich sirre wild darauf los, drehe jetzt keine weiten Kreise mehr, sondern konzentriere mich auf die Ohren der potenziellen Blutspenderin. Irgendwie hat sie sich jetzt aber unter die Bettdecke geflüchtet, der Körperschweiß dampft durch die Zudecke.

Mal sehen, wie lange sie das aushält. Ich setze mich auf die Tapete und warte. Von der Seite des Mannes duften vom unteren Bettende verheißungsvoll zwei abgedeckte Schweißfüße zu mir herauf. Soll ich? Ich bin noch am Hin- und Herüberlegen, als das Licht wieder angeht und ein hochroter Kopf erscheint. Die Frau setzt sich auf, ruft ihrem tief und fest schlafenden Mann aufgebracht einige derbe Worte zu, stürzt aus dem Bett, läuft ins Bad und kommt gleich darauf zurück. Von Kopf bis Fuß eingerieben mit einem Mückenabwehrmittel. Das Licht geht aus. Ich krame aus meiner Tasche eine Wäscheklammer hervor, die ich grundsätzlich immer bei mir habe, und präpariere damit mein hochsensibles Riechorgan.

Ich warte. Erst nach einer halben Ewigkeit beruhigt sich ihr Atem. Dann starte ich wieder durch und will mich gerade sirrend auf ihrem Ohr niederlassen, als urplötzlich das Licht angeht. Überrascht fliege ich nach oben, lande an der Zimmer- erdecke und blicke mich etwas verwirrt um. Mit einem Mör- derblick schüttelt sie ihren Mann, der auf der Stelle kapiert, dass in diesem Fall bei Nichtreaktion seinerseits die Ehe in ernsthafter Gefahr ist. Er erhebt sich klaglos, schleicht hin, schleicht her, mustert die Tapete mit Argusaugen und – ent- deckt mich schließlich. Seine Freude ist groß. Der Jäger in ihm erwacht. Er greift nach einem Schlafkissen, zielt, wirft, trifft scheinbar, ich lasse mich gut sichtbar und wirklich zir- kusreif zu Boden fallen, nicht ohne allerdings vorher die Stelle an der Tapete, auf der ich gesessen habe mit einem Schuss Ketchup markiert zu haben. Die Leiche des Opfers der Kissenattacke werden die beiden nie finden, doch über den vermeintlichen Blutfleck und die große gemeinsam bestan- dene Schlacht werden sie später noch oft sprechen. Beim Anblick des roten Geschmieres an der Zimmerdecke lässt sie sich schluchzend in seine Arme fallen. Die Nacht ist gerettet. Die Ehe auch. Sie kuschelt sich an ihn, das Licht geht aus.

Ich warte. Die beiden befinden sich im Einschlafmodus. Selbst ich bin jetzt ziemlich geschafft. Ich sitze still in meiner Ecke, bewege mich nicht, starte aber spaßeshalber für einige Sekunden meinen Surr-Motor im Leerlauf. Ich höre ein fast zeitgleiches Aufstöhnen der Frau und muss lachen. Irgendwie tut das so gut. Wellness für die Mückenseele sozusagen. Ich stelle fest, dass ich irgendwie gar nicht hungrig bin. Na ja, was soll's, morgen ist ja auch noch ein Tag. So, jetzt bin ich aber wirklich müde. Ich gähne. War ja auch ein ziemlich anstrengender Abend.

Also dann, gute Nacht.
Und wer weiß, vielleicht bis bald.
Man sieht sich.

Oder besser noch: Man hört sich!

EIN SCHÖNER GEBURTSTAG

Es ist höchste Zeit, dass ich dieses Buch zu Ende bringe. Seit bekannt ist, dass sogar unsere Hausmücke über ihre Erfahrungen in unserem Schlafzimmer persönlich berichten darf, will unser Nachbar, der Sepp, die Geschichte von seinem Geburtstag auch selbst erzählen. Weil die wirklich niemand anders erzählen kann.

***

Gerade ist der Doktor gegangen. Er hat bei mir heute um neun Uhr abends noch schnell einen Hausbesuch gemacht. Schwer atmend liege ich im Bett. Doch zwischen dem Ächzen, weil ich so arg Bauchweh habe, kann ich mir ein Lachen nicht verkneifen. Ich muss mich wirklich anstrengen, dass ich nicht zu laut bin. Weil sonst nämlich meine Frau fragen würde, was denn los ist. Und wenn ich ihr dann die Wahrheit sagen würde, wäre sie sauer. Und das kann ich heute Abend beim besten Willen nicht mehr gebrauchen.

Aber fangen wir einfach von vorne an. Heute bin ich achtzig Jahre alt geworden. Dass ich dieses Alter erreichen würde, hätte ich nie für möglich gehalten. Und das auch noch in einem so extrem guten Zustand, wie mir ein jeder heute bestätigte. Na ja, jetzt gerade ist ja besagter Zustand nicht so besonders gut. Aber ein Wunder ist das nicht, haben sich doch Pfarrer, Verwandtschaft, Freunde und natürlich der Bürgermeister den ganzen Tag lang praktisch die Klinke in die Hand gegeben. Logischerweise bin ich jetzt wirklich fertig. Einfach erledigt. Und als um acht Uhr dann alle aufgebrochen sind, habe ich mich ins Bett verzogen. Und meiner Frau die ganzen Aufräumarbeiten überlassen. Na ja, eigentlich ist es so gewesen, dass meine Frau mir eine Wärmflasche gemacht hat, nachdem ich über Magenschmerzen geklagt habe und mich ins Bett geschickt hat. Wie einen kleinen Jungen. Aber dieses Mal war ich ihr dafür wirklich dankbar. Ah, mich quält mein Magen mit dem vielen Essen darin ganz furchtbar. Immer wieder schaut meine Frau zur Schlafzimmertür herein und erkundigt sich, ob es mir nicht schon ein bisschen besser gehe. Aber nein, es geht überhaupt nicht besser. Auch kein kleines bisschen.

Ein Wunder ist das nicht, wenn ich an die ganzen Sachen denke, die ich heute gegessen habe. In der Früh meinen Kaffee und das Marmeladenbrot. Das war ja noch ganz normal. Ich hatte den letzten Bissen noch nicht hintergeschluckt, als auch schon der Herr Pfarrer geläutet hat. Und weil dieser einem Frühstück mit uns nicht abgeneigt war, hat meine Frau den Tisch gleich wieder aufgedeckt mit frischem Kaffee und Semmeln vom Bäcker. Auf die ich leider immer Sodbrennen bekomme. Den Herrn Pfarrer kann man ja nicht alleine am Tisch essen lassen und so habe ich halt nochmals eine Tasse Kaffee und eine Semmel mit Butter gegessen. Und hinterher wollte der Pfarrer am helllichten Vormittag noch mit mir auf ein langes Leben anstoßen. Mit Alkohol. Na, der ist das ja gewöhnt vom Messwein im Frühamt, aber ich doch nicht. Andererseits konnte ich doch unmöglich zu unserem Herrn Pfarrer sagen, dass ich persönlich vormittags grundsätzlich keinen Alkohol zu mir nehme. Aber ich nippte nur vom Sekt, weil ich finde, dass das ein Weibergesöff ist, und außerdem musste ich noch bis zum nächsten Tag Penicillin nehmen, und da darf man ja sowieso keinen Alkohol trinken. So musste den Rest meine Frau mit ihm trinken. Sie verdrehte natürlich heimlich die Augen. Weil sie nämlich auf Alkohol immer gleich Kopfweh bekommt, aber dieses Mal kam sie nicht aus. Und außerdem hatte ich ja Geburtstag, und da musste sie halt einmal in den sauren Apfel beißen. Man merkte ihr den Alkohol auch gleich an, denn nach dem zweiten Glas Sekt scherzte sie schon ganz ungeniert mit dem Herrn Pfarrer, der dann aber bald aufbrach.

Meine Frau hat kaum den Tisch abgeräumt, als es schon wieder klingelte. Die Nachbarschaft wollte gratulieren. Na, herein in die gute Stube. Der Kaffee wurde wieder aufgetragen, belegte Semmeln dazugestellt. Na, Sepp, isst du nix, wurde gefragt, nein, also alleine wollen wir auch nichts essen. Dermaßen gezwungen, lud ich mir ein belegtes Brötchen auf meinen Teller und mir wurde erneut eine Tasse Kaffee eingeschenkt. Auf dem Brötchen war zwar meine Lieblingswurst, eine italienische Mortadella. Aber heute wollte sie mir irgendwie nicht schmecken. Man diskutierte über Gott und die Welt und zum Schluss, als das Mittagsläuten erklang, wurde zum Aufbruch geblasen. Gott sei Dank. Aber die Nachbarn hatten nicht vor, nach Hause zu gehen, ohne vorher auf meine blühende Gesundheit angestoßen zu haben. Und zwar mit einem selbst gebrannten Schnaps, den sie extra für diesen Anlass mitgebracht hatten. Da ich aber spürte, dass die Semmeln vom Vormittag gerne wieder ans Tageslicht wollten, und zwar auf dem Weg, auf dem sie in den Magen gekommen waren, dachte ich, dass es wahrscheinlich ein wirklich kluger Schachzug wäre, ihnen ein Schnäpschen hinterherzuschicken. Es wurde eingeschenkt, mir nur ein halbes, wegen dem Penicillin, und sie gaben nicht eher Ruhe, bis auch meine Frau ein gut gefülltes Schnapsglas in den Händen hielt. Also dann, auf die Gesundheit und auf ein langes Leben. Und weil alle einhellig der Meinung waren, dass es ein wirklich guter Schnaps sei und dies ein Jahrestag, der nicht so schnell wiederkommen würde, beschloss man, ohne uns zu fragen, ein weiteres Gläschen zu trinken. Mir wurde rücksichtsvollerweise nichts mehr eingeschenkt, doch meine Frau musste herhalten. Die ganze Sache begann irgendwie, eine Eigendynamik zu entwickeln. Meine Frau, die bereits von den zwei Gläsern

Sekt und dem Schnaps tiefrote Wangen hatte, wollte eigentlich überhaupt nichts Alkoholisches mehr trinken, aber weil man drohte, ihr die gute alte Nachbarschaftsfreundschaft mit sofortiger Wirkung aufzukündigen, wenn sie nicht diesen letzten klitzekleinen Schnaps mit ihnen trinken würde, gab sie schließlich nach und trank ihn. Auf ex. Sie verdrehte nicht mal mehr die Augen und fasste sich auch nicht an die Kehle. Obwohl der Selbstgebrannte zugegebenermaßen ziemlich feurig war. Hut ab. Ich warf ihr einen Blick zu, den sie aber schon gar nicht mehr registrierte. Ich dagegen bemerkte, dass inzwischen auch ihre Ohren eine feuerrote Farbe angenommen hatten.

Als sich endlich die Haustür hinter den Gästen geschlossen hatte, fielen wir beide erledigt ins Bett. Beim Gedanken an Mittagessen wurde mir schon schlecht. Schlafen konnte ich aber auch nicht, es drückte elendig im Bauch. Meine Frau schlief dagegen sofort ein und schnarchte auf dem Rücken liegend tief und fest. Sie hatte den Küchentisch nicht mal mehr abgeräumt, dort standen noch immer die leeren Schnapsgläser. Und das will was heißen. Nach einer Stunde standen wir aber wieder auf. Meine Frau immer noch mit roten Backen und roten Ohren. Ich musste lachen. Natürlich nur innerlich. Man kennt ja seine Grenzen. Und außerdem hatte ich noch immer dieses elende Völlegefühl. „Nichts da, es wird aufgestanden", sagte meine Frau zu mir, als ich lamentierte wegen meiner Bauchschmerzen und irgendetwas von „Liegenbleiben wollen" sagte.

Ich stand also auf, und da klingelte es auch schon wieder. Es war gerade mal halb zwei. Beim Anblick meiner Frau mit einer frisch aufgebrühten Kanne Kaffee im Wohnzimmer, hätte ich sie beinahe gewürgt. Vergnügt setzte sich meine Verwandtschaft um den Tisch und aß Kuchen, nicht ohne mir vorher ein Ständchen gesungen zu haben, dass damit endete, dass ich ein Glas Schlehenlikör in der Hand hielt.

Glücklicherweise klingelte in dem Moment, als ich mit allen angestoßen hatte, das Telefon und so drückte ich das Glas meiner Frau in die Hand, die jetzt statt meiner trinken musste. Das hatte sie nun davon. Warum hatte sie mich auch gezwungen, nach dem Mittagessen wieder aufzustehen. Mein Bruder war am Telefon, und weil ich keine Lust hatte auf Kaffee und Kuchen und Schlehenlikör, dehnte ich das Gespräch etwas aus. Als ich zurückkam, war das Schlehenlikörtrinken glücklicherweise bereits abgeschlossen, doch lehnte meine Frau etwas angeschlagen am Türrahmen im Wohnzimmer. Ich weiß noch ganz genau, dass man mich nach meiner Rückkehr quasi zwang, ein großes Stück Donauwelle zu essen.

Alles was danach kam, kann ich nicht mehr klar beschreiben. Ich erinnere mich einfach nicht mehr an einzelne Besucher. Es war ein Kommen und Gehen. Ein Durcheinander von Menschen, Kuchen, Schnäpsen, Torten, Kaffee, Sahne und Likören. Ein einziges Elend. Alles verschwamm. Rückblickend habe ich den Eindruck, dass ich an diesem Nachmittag mehr Kuchen als in meinem ganzen Leben davor gegessen habe. Doch wenn ich das Thema später immer wieder mal aufgreife, weil es mich sogar Monate später noch beschäftigt, und wenn ich mir dabei an den Bauch fasse und ein gequältes Gesicht mache, bekomme ich nur einen bösen Blick von meiner Frau zugeworfen. Weil die ja wegen meinem Penicillin die ganzen Liköre und Schnäpse und Hugos mit den Gästen trinken hatte müssen.

Auf jeden Fall sind dann die letzten Verwandten abends um sechs Uhr gegangen. Plötzlich war es gespenstisch ruhig in unserer Wohnung. Da klingelte es ein letztes Mal. Der Herr Bürgermeister schaute auf einen Dämmerschoppen vorbei und hatte im Schlepptau die Vertreter der drei Vereine, bei denen ich Mitglied bin. Ich schaute etwas verkniffen. Meine Frau trug das Abendessen auf. Und dann fing alles wieder von vorne an. Nein, keine Ausrede, das Geburtstagskind kann unmöglich am Tisch sitzen, ohne etwas zu essen, während von den Gästen erwartet wird, dass sie sich großzügig bedienen. Saure Bratwürste mit viel Zwiebeln. Ein jeder langte kräftig zu, und auch ich aß wohl oder übel eineinhalb Bratwürste und stopfte zwei Löffel Zwiebel aus dem Sud hinterher, damit die Bratwürste schön drunten im Magen blieben. Mir war schlecht. Und ich war wohl auch etwas käsig im Gesicht. Was den Herrn Bürgermeister auf die Idee brachte, die Flasche Wurzelstolperer, einen Kräuterschnaps, den er als Geschenk mitgebracht hatte, zu öffnen. Auf die Gesundheit und auf ein langes Leben! Meine Frau musste inzwischen nicht mehr überredet werden, ein Gläschen mitzutrinken anstelle des Jubilars. Routinemäßig stieß sie mit den Gästen an. Zu den rotlaufmäßig purpurnen Ohren und den hochroten Wangen hatte sich jetzt noch ein albernes Kichern gesellt und kurz bevor sich die Gäste verabschiedeten, kam ein übler Schluckauf hinzu. Ich dagegen war immer noch käsig und inzwischen etwas wortkarg. Ein energisches Sodbrennen machte mir zu schaffen gepaart mit unsäglichem Rumoren im Bauch. Und dann war es Gott sei Dank acht Uhr, alle machten sich auf den Weg, gaben meiner Frau noch gute Ratschläge, wie man am besten einen Schluckauf wegbekommt und dann war endlich Ruhe.

In unserer Wohnung sah es aus wie auf einem Schlachtfeld. Mir war das egal. Ich schleppte mich ins Bett, zog mich nicht mal aus und stöhnte leise vor mich hin. Meinte ich zumindest. Anscheinend war es doch nicht so leise, denn meine Frau öffnete die Tür und betrachtete mich sorgenvoll. Und als es dann gar nicht besser werden wollte mit mir, rief sie trotz ihres starken Schluckaufs unseren Hausarzt an. Der dann auch eine Viertelstunde später bei uns klingelte. Meine Frau hörte das Klingeln erst gar nicht, weil sie vor sich hin trällernd die Küche nebenan aufräumte. Ab und zu schepperte es auch ein bisschen. Aber das störte mich nicht. Und sie anscheinend auch nicht. Dann hörte sie aber trotzdem das Klingeln und öffnete dem Doktor. Gemeinsam kamen sie ins Schlafzimmer und während mich der Arzt untersuchte, stand sie stark atmend neben meinem Bett und lehnte sich gegen das Türblatt. Der Doktor höre mich ab, stellte mir Fragen, besah sich meine Zunge, fühlte den Puls und deckte mich schließlich wieder zu. Dazwischen hörte man immer wieder das vergeblich unterdrückte „Hicks" von ihrem penetranten Schluckauf. Gerade als der Doktor ansetzen wollte, meiner Frau zu erklären, wie sie mich am besten pflegen solle, weil nichts Schlimmes sei es nämlich nicht, machte sich das Türblatt mit einem Ruck selbständig, meine Frau kam ins Straucheln und fiel ungelenk auf den Teppichboden. Natürlich rappelte sich gleich wieder hoch, wobei ihr der Doktor behilflich war, dann kicherte sie verlegen und verschwand schnell aus dem Schlafzimmer. Ihre beeindruckende Alkoholfahne konnte ich übrigens sogar vom Bett aus riechen. Und ich glaube der Doktor auch.

Nachdenklich blickte der Doktor meiner Frau hinterher, strich dann fürsorglich meine Bettdecke glatt und setzte sich auf die Bettkante. „Na, Sepp", sagte er, und blickte mir in die Augen. „Das wird schon wieder. Heute nichts mehr essen und nur noch reichlich Kamillentee trinken. Dann bist du morgen wieder auf dem Damm." Nach diesen Worten blickte er kurz über seine linke Schulter zur Tür, wo bis vor einer Minute noch meine Frau gestanden hatte, wie um sich zu versichern, dass wir beide alleine seien. Er räusperte sich und tätschelte dabei meine Hand: „Aber sag mal, Sepp, jetzt etwas ganz Anderes", sagte er und schaute mich prüfend an. „Deine Frau", bei diesen Worten zögerte er nochmals. Es schien ihm schwer zu fallen, die richtigen Worte zu finden. „Deine Frau, ist die öfter in diesem Zustand", und dabei machte er eine erklärende Bewegung mit seinem Kopf in Richtung Fußboden, wo gerade eben noch meine Frau gelegen hatte. „Weißt du, das geht manchmal ganz schleichend. Man merkt das als Ehepartner oft erst gar nicht. Vielleicht …" und hier wartete er nochmals einen Augenblick, bevor er fortfuhr, „vielleicht hat sie ja ein Problem mit dem Alkohol und sie braucht Hilfe." Und das war dann genau der Moment, als ich trotz meiner elendigen Bauchschmerzen in wildes Gelächter ausbrach, vom Doktor nur einen verständnislosen Blick erntete und dieser sich dann ziemlich schnell und sehr kurz angebunden verabschiedete. Er hatte es ja nur gut gemeint, und ich nahm mir vor, ihn morgen in aller Früh aufzusuchen, um ihm die Sache zu erklären. Doch jetzt gerade eben ging das nicht. Denn dazu hätte ich wieder von den vielen Kuchen, Likören, Torten, Schnäpsen und Bratwürsten erzählen müssen, und dann wäre mir gleich wieder schlecht geworden.

Jetzt ist der Doktor auf jeden Fall wieder weg. Ich kann mir das Lachen nicht verkneifen, drehe mich auf die Seite und drücke die Wärmflasche gegen meinen Bauch. Dann schließe ich meine Augen und atme tief durch. In der Küche klappert und scheppert das Geschirr, und dazwischen höre ich wieder das Trällern meiner Frau. Gesungene Textzeilen und Wortfetzen dringen durch die Schlafzimmertür zu mir herüber. Es ist die Rede von der Oma ihrem kleinem Häuschen, das anscheinend noch heute Nacht versoffen werden soll, von Leuten, die drei Tage nicht mehr heimgehen wollen und von einem Schädelweh, das schön sein soll. Aber dass das nicht wahr ist, weiß ich genau. Einfach aus Erfahrung, wenn Sie verstehen, was ich meine.

Ich drehe mich auf die andere Seite und drücke meinen Kopf tief in das Federkissen. Ganz langsam geht es mir wieder etwas besser und ich merke, wie ich immer müder werde. Der gefürchtete Tag ist vorüber und zwar schneller, als ich gedacht hatte. In der Küche höre ich es wieder scheppern. Irgendwie will das Lächeln gar nicht mehr aus meinem Gesicht verschwinden. Ach, denke ich mir, ein schöner Geburtstag ist das eigentlich gewesen. Ein wirklich schöner Geburtstag.

Der Funken Wahrheit

*W*enn Sie mich nach meinen Erzählungen und deren Wahrheitsgehalt fragen, so muss ich leider gestehen, dass sie allesamt frei erfunden sind. Jeder meiner Geschichten liegt jedoch eine scheinbar unbedeutende Begebenheit aus dem Alltag zugrunde, eben besagter Funken Wahrheit, der diesem Buch zu seinem Titel verhalf. Gerne verrate ich Ihnen, wo genau dieser Funke jeweils steckt.   *Christa Vogl*

„Meine Handtasche": *hat sich so oder so ähnlich wirklich zugetragen.*

„Eiseskälte": *Ja, ich war mit meinen Freundinnen Eis essen und wir haben im Freien ziemlich gefroren. Nein, die Sache mit dem gut aussehenden Italiener ist nicht erfunden. Die Eisdiele in Kemnath ist übrigens am Stadtplatz ganz leicht zu finden.*

„Der umgedrehte Kragen": *Unsere Oma kann wirklich noch Kragen umdrehen (bei Hemden …, aber auch bei Hühnern!) Aber mein Mann musste in diesem Zusammenhang nie wirklich Angst um sein Leben haben.*

„Das Sommerloch": *In den Sommermonaten liest man regelmäßig von Tieren aus Terrarien, die von ihren Besitzern an Badeweihern ausgesetzt werden.*

„Sportlich, sportlich": *Ja, ich fahre gerne Rad. Das Sportliche tritt aber oft in den Hintergrund, weil ich beim Radfahren Gott sei Dank regelmäßig Leute aus unserem Dorf treffe. Dann steige ich ab und wir unterhalten uns.*

„Drei ganze Monate": *ist auch frei erfunden, klingt aber sehr, sehr realistisch. Und je öfter ich die Geschichte durchlese, desto unsicherer werde ich, ob ich das Ganze nicht doch irgendwann einmal so erlebt habe.*

„Omas Talente": *Ja, ich bin wirklich keine talentierte Bastlerin und Strickerin. Und es hat irgendwie auch nicht den Anschein, als ob dieses Defizit mit zunehmendem Alter verschwinden würde. Nein, mit den Fingerhandschuhen habe ich noch nicht begonnen.*

„Kino, Kino": *Bei brutalen Szenen wende ich mich wirklich ab und konzentriere mich lieber auf die Popcorntüte. Oder, wenn diese bereits leer ist, schließe ich einfach die Augen. Da erscheint mir die Idee, Geld zurückzubekommen, nicht ganz abwegig.*

„Empty Nest": *Ja, im Wartezimmer meines Hausarztes habe ich einen Artikel über das Empty-Nest-Syndrom gelesen. Nein, mit meinem Mann habe ich wirklich nie ein Gespräch darüber geführt. Ja, wir gehen beide gerne Griechisch essen.*

„Der Abendspaziergang": *„Dahoam is Dahoam" sorgt einfach überall für Diskussionen.*

„Gartenarbeit": *Ja, ich besitze eine Riesenkeramikschnecke Ja, viele Unkräuter fühlen sich in der Tat sehr wohl in meinem Erdbeerbeet und leider auch sonst überall im Garten. Nein, ich biete keine Führungen durch meinen Garten an.*

„Das biometrische Passbild": *Es gibt Menschen, die sehr fotogen sind und andere, die sich nicht gut fotografieren lassen.*

„Gerade noch rechtzeitig": *Manchmal werde ich einfach nicht rechtzeitig fertig. Aber mein Mann auch nicht!*

„Katzengerechte Ernährung": *Wenn man bei uns im Supermarkt auf Katzennahrungssuche geht, so ist das Angebot erschreckend umfangreich.*

„Das Model": *Nein, ich trage (noch) keine Stützstrümpfe. Nein, ich habe keine Hühneraugen.*

„Momentensammler": *Ja, mein Mann und ich waren in besagtem Konzert und hatten leider nur Karten für ganz, ganz weit hinten. Ja, an besagter Blondine konnte ich (entgegen der Aussagen in meiner Geschichte) auch nach dem Absäbeln ihrer Absätze nicht vorbeischauen. Ja, natürlich würde ich Gratiskonzertkarten (für weiter vorne) von Herrn Schmidbauer als kleines Dankeschön für diese Geschichte gerne annehmen. Nein, ich würde das in keinster Weise als aufdringlich empfinden.*

„Entspannung": *Oft füllt man seine freien Abende mit Kursen, die das Lebensgefühl verbessern sollen, welche aber eigentlich nur noch mehr Stress verursachen.*

„Simplify your life": *Ich weiß auch nicht, woran das liegt, aber die Sachen meines Mannes in den Schubladen unserer Schränke scheinen generell weniger wichtig zu sein als meine. Da geht es anderen Frauen bestimmt ähnlich. Insofern wäre es durchaus sinnvoll, über dieses Phänomen eine wissenschaftliche Studie in Auftrag zu geben.*

„Katzengedanken": *Spiegelt höchstwahrscheinlich die Realität wider. Muss dazu nochmals unsere Katze befragen. Am besten wenn sie auf der Couch liegt. Da wird sie dann meistens richtig gesprächig.*

„Steuerlatein": *Die Steuer wird mir für immer ein Rätsel bleiben.*

„Die schwarzäugige Susanne": *Ja, mein Mann hat mich während des Pflanzens der „Schwarzäugigen Susanne" wirklich interessiert gefragt, was das denn für eine Blume sei. Nein, ich werde ihm die Geschichte nicht lesen lassen, sonst nennt er mich wirklich noch seine „Gute Graue".*

„Die staade Zeit": *Während der Adventszeit hat „Xaver" in unserem Dorf fast während eines kompletten Abends Stromausfall verursacht. Und ganz unerwartet drehte sich für eine kurze Weile die Welt ein bisschen langsamer.*

„Kirschmarmelade": *In gekauften Sauerkirschkonserven habe ich schon oft Kirschsteine gefunden. Und ständig gibt es Lebensmittelskandale.*

„Cliquentreffen": *Tut mir leid, aber viele Passionsteilnehmer schauen wirklich so (oder so ähnlich) aus. Ungelogen.*

„Herbergssuche": *Hat sich ungefähr so zugetragen. Die Gedanken meiner Sitznachbarn habe ich natürlich frei erfunden.*

„Resis Geburtstag": *Ich war auf eine Geburtstagfeier eingeladen, doch das Geburtstagskind habe ich den ganzen Abend kaum zu Gesicht bekommen.*

„Fast Liebe": *Ein Bekannter hat sich bei mir ausgeweint, weil dieses Jahr seine Firma kein Weihnachtsgeld zahlte.*

„Diagnose-Check": *Ja, mein Auto ist alt und es fallen logischerweise oft Reparaturen an. Davor werden aber jeweils die Fehler in der Werkstatt ausgelesen. Ja, ich denke mir, dass es so ein Gerät in Zukunft auch für Menschen geben wird. Nein, weder mein Auto noch ich haben Fissuren am Auspuff.*

„Die Lehrstelle": *Ich wurde letztes Jahr von einem jungen Bankangestellten mit Pferdeschwanz bedient.*

„Der Zoiglfaktor": *Ich habe einen Artikel über die Zoigl-App gelesen und dachte mir, dass man das System noch verfeinern könnte. Ich möchte hier aber klarstellen, dass mein Mann nie von mir gezwungen wurde, maßlos zu trinken und zu essen.*

„Neuland": *Viele Männer erleiden nahezu einen Schock, wenn sie in Rente gehen. Sie sind entwurzelt.*

„Ein wirkliches Wunder": *Kopfschüttelnd habe ich in der Zeitung einen Artikel gelesen, in dem aufgelistet war, was heutzutage für eine Hochzeit alles zu erledigen ist.*

„Spam": *Ja, trotz Spamfilters erhalte ich viele Schrottmails. Nein, leider habe ich den kleinen Spamfilter seit unserer denkwürdigen Begegnung nicht mehr gesehen. Nein, Sie können nicht schnell mal bei mir vorbeischauen und einen Blick auf meinen Rechner werfen.*

„Sport ist Mord": *Ja, ich war letzten Winter im Steinwald beim Skilanglauf. Ja, ich habe den Skistockteller in der Loipe verloren. Ja, ich hätte an einer Stelle beinahe das Gleichgewicht verloren. Ja, mein Mann wartete mit dem Kaffee auf mich. Nein, das Technische Hilfswerk musste nicht kommen und sich um die Verletzten kümmern.*

„Mann, oh, Mann": *Die Sache mit Conrad, dem Traktor und der Grillfeier ist frei erfunden, aber nicht völlig abwegig. Alles andere hat sich irgendwo in der Oberpfalz so oder so ähnlich zugetragen. Ich musste hoch und heilig versprechen, keine Namen zu nennen.*

„Mückenalarm": *Dazu kann ich nichts sagen. Die betreffende Mücke meint allerdings, dass die von ihr erzählte Geschichte vollkommen der Wahrheit entspricht und wirklich rein gar nichts davon erfunden ist. Und so möchte sie das bitte schön auch im Nachspann des Buches lesen. Andernfalls will sie sich in unserem Schlafzimmer wohnlich einrichten.*

„Ein schöner Geburtstag": *Viele schon etwas ältere Geburtstagskinder leiden am Ende des Festtages, wenn endlich auch die letzten Gäste gegangen sind, unter Völlegefühl, Schwindel, Bluthochdruck, Bauchschmerzen etc.*

DIE AUTORIN

Christa Vogl – Geburtsjahrgang 1963 – lebt mit ihrer
Familie in einem kleinen Dorf am Fuße des Steinwalds
im Norden der bayerischen Oberpfalz. Seit dem Abitur
am Gymnasium in Eschenbach i. d. OPf. und einer
Ausbildung zur Übersetzerin in München ist sie als
Fremdsprachensekretärin für Englisch und Französisch
tätig. Durch einen Schreibwettbewerb in einer
Wochenzeitung, bei dem sie den ersten Preis gewann,
entdeckte sie 2009 ihr Talent zum Schreiben und den
Spaß am Verfassen eigener Geschichten. Seitdem schreibt
sie Satiren, Kurzgeschichten und andere Texte. Den
Stoff dafür liefert ihr das richtige Leben, das auch in
der Oberpfalz manchmal so skurril ist, dass es keinerlei
Übertreibung bedarf, um daraus eine amüsante Erzählung
zu machen.

„Ein kleiner Funken Wahrheit" ist nach
„www.kurze-geschichten.de" (erschienen im Verlag Bodner,
Pressath, ISBN 978-3-939247-46-3) ihr zweites Buch.